給下一個佛系房東的備忘錄

海藍查——著

目錄

輯一　六萬元買屋

輯二　那些房客教我的事

輯一

六萬元買屋

我領了一萬塊，付給女仲介作為斡旋金，自此，正式展開了
生命中的第一次購屋歷險記……

我的人生從負債兩千塊開始

現在回想，覺得很不可思議，以前念書的時候，完全沒有任何正式打工賺錢經驗，也沒有任何財商（Financial Intelligence Quotient，簡稱ＦＱ）概念，更從來不知道錢的厲害。有了錢可以買喜歡的衣服、褲子，球鞋，可以出門旅行度假，可以購買音響、超薄型筆電、高階手機，如果有航空公司促銷，還可以買張機票，飛出國。錢，是一種滿足生活品質的工具，但伴隨著各式各樣社群媒體的發展，受到其他人或各種商品廣告的「刺激」是常有的事。有些人可以為了換手機甘願吃白吐司，有些人兼兩份工作，只為了換一台新的偉士牌機車，以便展現騎車出門的拉風和帥氣，有的學生下課後到餐廳打工，或做點蝦皮上的買賣，搞挖礦或是弄一台夾娃娃機，都是因為錢太厲害了，有了錢可以做很多事，沒有錢萬萬不能。

我最早的打工賺錢經驗，是小學時代從街上鄰居家裡拿電線加工零件回家製作。細節有點忘了，不過我記得當我把整包做好的材料交回去時，換到的工資很少，忙了一兩天可能才一百多塊的工資，但第一次透過自己的力量賺到錢，感覺真是美妙極了，那代表我有多的零用錢可以花用。從前台灣還經歷「家庭即工廠」的歲月，家家戶戶忙著處理各式各樣的加工品，反映的是當時台灣錢淹腳目的繁榮。

或許我還算幸運，家境小康，父母也沒有負債，家裡也沒有房貸，他們給我的觀念就是，好好把書念好，將來找個好工作。所以我除了沒有學貸，也不必邊念書邊打工。當然，在大學時代網路開始興起之前，並沒有那麼多來自社群媒體的比較壓力，平常也不知道別人在過什麼生活，吃什麼大餐，現實生活中大家用的幾乎都是 NOKIA 手機，一支可以用五年，僅僅通話使用。我還記得在蘋果智慧型手機問世之前，我的 NOKIA 手機摔過好幾次，只用膠帶把電池背板貼起來就繼續湊合著用了，不像現在，人人都要追求最新的手機型號，每年都要賣掉舊手機，換最新、最快、最大尺寸的，而且，還要包膜，購買各種手機殼，才能保護好手機，展現個性。

中學時代的課餘時間，被補習跟才藝班填滿，舉凡書法、跆拳道、畫畫、作文、鋼琴，到高中補習英文、數學，琳瑯滿目，五花八門，但是其實沒有一樣學的精，只能算是一種個人才藝探索，當年，其實非常畏懼作文課，因為那跟揮灑自己的想法有非常大的落差，作文有一套自己的標準，而且，還是為了考試用的，真的是「作文」，不是文學創作。

念大學後，曾經去表哥開的升學補習班當「班導師」，協助補習班工作，那是最接近正式打工經驗的一份工作，舉凡打電話，行政作業，整理文書資料，但是也很短暫，只在暑假期間做了兩個月，幫忙招生。倒是寫作投稿，賺稿費，獲取文學獎獎金，可能還比較值得一說。

我第一次投稿報紙，是在高三投稿《台灣新生報》，在副刊發表了短文，稿費幾百塊錢，高興好幾天。那時候真的不知天高地厚，也不知道自己到底能不能寫。直到念了大學，真的寫出興趣，有越來越多文章發表在報紙，還拿到許多文學獎，大四那一年甚至可說受到神的眷顧，三個文學獎獎金加起來高達二十萬元。

當兵時新兵受訓完，抽到外島籤時，我打電話給母親的時候就差點哭了，唯一慶幸的是，外島阿兵哥的軍餉比本島多了一千塊加給，如果沒記錯的話，是月薪六千七百多元。每個月吃吃喝喝都是國軍的，休假返台就是靠這些軍餉過日子，等到一年又十個月的兵役結束退伍時，結算全部的身家，總財產只有四千元。

為什麼我會記得這麼清楚？因為我記得退伍後，跟朋友約好要去墾丁度

給下一個佛系房東
的　備忘錄

假，我的總財產只夠我住兩個晚上，所以就和朋友在退伍的隔天出發了。由於在旅行途中認識了新朋友，想多住一晚，發現錢不夠用，只好硬著頭皮打電話給好朋友借兩千塊。人生得意須盡歡，玩得盡興更重要，就這樣，二十六歲，一個南部退伍的文組碩士，因為去了一趟墾丁，多住一個晚上而負債了兩千塊。

我的人生從負債兩千塊開始。

二十七歲當房東

　　怎麼可能一個念文組的人，畢業後，工作第一年，就買房，然後剛好幸運地碰上台灣房地產十幾年的大多頭榮景，買進的時間點正好是最低點？

　　股神巴菲特說，出生在美國，是他的樂透。

　　我們這些六年級中後段班的六年級生，於SARS致使房市大跌時，剛剛畢業開始工作，這個巧妙的時間點也是我們的樂透。

　　工作之後，終於每個月能夠領到薪水支用，卻也因為每個月兩萬元的醫藥費，讓我幾乎無法喘息，因為二十七歲的我，發現頭頂髮量有越來越稀疏的趨勢，就在過了幾個月的悠哉生活之後，決定前往治療掉髮的知名診所展開治療，每個月有口服藥及搽頭皮的藥劑，還有每周一次的頭皮清理，剛好一個月兩萬，而且估計要治療兩年，將花掉我四十八萬！這個突然來的財務壓力，如果我不研究如何透過理財翻身，遲早要一直月光光，直到三四十歲什麼都沒有，成為一個不折不扣的魯蛇。

但當時也沒有那麼多電視節目探討理財，所以我從雜誌下手，每天上班之前，先到小七的雜誌櫃前把所有可以翻閱的理財雜誌全部讀過一遍，日復一日。

理財雜誌裡面的介紹很多，房地產和股票都是主要內容，外匯少許，基金也有一些討論，然後會有名家專欄，談談財經趨勢，各種產業現況，理財觀念等等。我最喜歡閱讀成功案例分享，因為讀起來平易近人，這些故事主角通常也是小人物，絕對不是理財大師或富豪，我記得有一位三十幾歲年輕男子投資逢甲大學的學生宿舍獲利方式讓我印象深刻。

為求翻身，當時的我決定以房地產為我的主要策略，只要有機會，我願意奮力一搏，期望有一天，可以擺脫小資男孩的月光生活……

然而，就在準備開始進軍房市時，才發現，其實身邊也沒有多少錢，更因為沒有任何投資概念，工作了半年就傻傻地買了六年期的零存整付儲蓄險，四萬多的薪水扣除兩萬塊醫療費，還要再扣一萬兩千元的保險費。每個月光是醫藥費跟保險費，還有額外的基本保障的保險費，扣掉吃飯、交通，根本所剩無幾。每個月都是月光光，心慌慌，看不到未來。

有了這個警覺心之後，更加認真大量閱讀並累績財經知識，畢竟在大學及研究所，我並不是念管理或是經濟、會計、統計，對金融一概不通，就算是商學院，學校也不會教你如何投資，家裡更沒人從商，身邊沒人從事房地產投資的我，等於是一張白紙。

或許是本身就對房子有興趣，又在財經雜誌裡拜讀過許多年輕包租公的成功心法，覺得買房收租或許是一條可行的道路。於是就開始打電話、四處看房子的日子，每天中午午休看房子，下班後還是看房子，星期六日游泳之後也看房子，看了半年，我的理想物件就出現了！就在報紙分類廣告中看到了大學路某巷子的房子要出售，抄好電話之後，隔天中午就約了看房！看了一眼，就決定買房！別人是衝動性購物，我是衝動性買房！

記得我哥跟我說：頭髮你就讓它掉啊，幹麼花那個錢……

「我不可能讓自己不到三十歲就頭髮掉光，那人生還有什麼意思嗎？」

所以我要感謝某診所的龐大醫療開銷，督促我開始研究理財投資，意外踏上買房之路，更意外地搭上了台灣房地產十年大多頭，而且我正是買在最低點！最後我共治療了兩年半，花了六十萬!!幾乎是一部車子的費用！幸好，治療之後，頭髮有長出來，暫時保住了額頭上的風景，謝天謝地！

由此可知，債務，跟愛情一樣，都會讓人產生龐大的力量！

為了怕頭髮掉光去治療而花掉太多積蓄，犧牲生活品質，淪為月光族，使我意外變成了房東。
那年，二十七歲。

六萬元買屋的購屋歷險記

二〇〇四年的一個中午，我趁午休時光去成大附近大學路某巷子看房，雖然是五樓的無電梯舊公寓，而且還是民國七十年蓋的，當時屋齡已屆二十四，但是看了一眼就很喜歡，格局方正，採光良好，三個陽台，前面無大樓遮蔽，目前還有一個房客住在裡面，整體而言，屋況良好，相當令人心動。同時，還有另一組客人也很喜歡，據說是個女生，不過有些猶豫。

然而，當時看到的景象，可說是「相當凌亂」，因為屋主的東西還沒完全搬空，客廳陳設著非常古老的那種黑色的、老太太品味的皮沙發，牆壁上有觀世音菩薩的畫像，令人肅然起敬，還掛著一件迷你版的蓑衣，一幅那種市區地下通道廉價販售的風景水彩畫，一個巨大的訂做木櫃將客廳與廚房隔開，此外就是老舊的冰箱、表皮脫落的櫥櫃。
這間公寓的主人顯然沒有安全感，因為後陽台被整個鐵窗關起來，強盜無法進來，前陽台也有一棵非常巨大的植物，與隔壁住戶隔開，休想爬過來。主臥室裡有七〇年代製作的桌子，還有符合那個年代的雙人床組，廟裡面拿回來的香符、保留著私人生活史的物件如發票、票券、指甲刀都放在抽屜裡，最吸引人的應該是七〇年代的復古彩繪壁燈以及圓罩型吊燈。此外，主臥室的門，還有像飯店那種門閂鏈，一樣展露著主人的沒安全感。
第二個房間住著一個女房客，門鎖的緊緊的，根本看不見其中奧祕，第三間較小的房間裡，則擺著舊式梳妝檯，一張鐵床，和一些老舊衣物，更別說後陽台，簡直是各種腐爛木塊的集中處，尤其是洗衣機後面，洋溢萬年腐朽之氣味。而我最在意的廁所，牆面有浴缸拆卸過的痕跡，還有我不太敢使用的舊馬桶、幾乎可以丟到垃圾場的藏汙納垢洗手檯。

即使如此，我還是在心裡作了一個決定，請女仲介等我，讓我去領錢。我領了一萬塊，付給女仲介作為斡旋金，自此，正式展開我生命中的第一次購屋歷險記，我打電話向母親「告知」，她除了震驚，更是十分反對，直說我太衝動，可是我非常堅持，覺得這是一個千載難逢的機會，這條充滿著各式各樣花園餐廳、書店、咖啡館的巷子，等了好久才等到有人要賣房子。

因為這間房子，我和母親大吵一架，買房子真的像我想的那樣簡單嗎？這間房子會不會有什麼問題？屋主為什麼要賣？這會是一個成功的投資嗎？租得出去嗎？還要再花多少成本裝修？當初我的戶頭，工作了一整年只有六萬多塊，但心底的聲音告訴我，簽吧。我決定按照我自己的判斷，在斡旋書上簽上自己的名字，貸款買下生命中第一間看來非常可怕的房子。

買下這樣一間看起來很可怕的老房子，確實需要勇氣。但我看見的是「機會」。可是假如得不到父母的支持，那麼，買房子似乎不是一件美好的事情。

講話非常犀利的女仲介兩天內告訴我，已經用我出的價格買到了，但是我說，我得帶我爸媽去看一次，還得經過父母大人的同意。更何況手邊只有六萬多塊，每個月扣掉生活費、儲蓄險、保險費和其他開銷，真的沒剩什麼錢，我的欲望無窮盡，陸續買了高檔數位相機、昂貴的鞋子、名牌衣服，我到底怎麼買房子？所以我還是得靠母親大人一點力量。

簽約當天，我請父母先去看那間公寓，然後再去仲介公司門市與賣方進行簽約，夏天已過，空氣裡仍然散發著熱氣，成大校園裡面年輕學子打著籃球、聊天、吃點心，過著沒有煩憂的生活，天色漸漸暗去，女仲介打開一樓殘破的大門，陪著母親爬上五樓。一樓大門旁邊有個暗無天日的地下室，柵欄鐵門鎖著，底下一片潮濕氣息，霉味滿屋，幸好樓梯間算是乾淨的，至少沒有堆積什麼垃圾雜物，該是有人定期打掃，雖然漆著白色油漆，卻有些斑駁痕跡，九二一大地震過後，有些微裂痕，是大地竄動過後留下的證據。至少度過大地震，算穩。不過，我自己也很感到畏懼的，就是四樓一直沒人住，每次經過總感到陰森森的，好像裡面充滿了不潔邪惡的力量。

果然如我預料，母親大人匆匆一看就說「不喜歡」、「舊的要命」。裡裡外外，根本沒有什麼優點似的，尤其許多紗門都堆滿了沙子，還有一些小洞，上面黏著並不牢靠已然脫落的膠帶，我強調說還沒整理當然很舊啊，買下來後我可以擦油漆，把蒼白的日光燈換掉，改成溫馨的黃光，白牆壁也可以擦成鵝黃色的。但母親又回到了最初的思考：沒人買房子這麼衝動的，不必那麼急，機會很多的。

父親在外面等我們，沒有表示任何意見，一直以來，父親都是非常尊重我的。我和母親上了車，在仲介的陪同下前往簽約之處，仲介當然說得很好聽：「這個地點真的很棒，你的兒子真的很會挑，買房子就是買地段，到時候要租給學生也很好租，你看整條路上，滿滿都是人。」

賣方因為已經搬回台北，此次為了賣屋簽約特地南下，仲介先下了車，我和母親在車上反覆辯論到底要不要買這間房子，我們整整吵了一個多小時的架，母親反對就是反對，而我此時真的沒有閒錢可以湊齊自備款。房貸可以貸到九成，可是還是得跟母親借個十五、二十萬，買房子不只自備款而已，還有代書費、仲介服務費、契稅、火險、地震險。

我真的想根據自己的意志做一次決定，將來可以用租金去付每個月一萬多塊的房貸，假如真的後悔，就賣掉，應該還算好脫手。母親大人百般不願、萬般無奈地下車，與我進去仲介公司的大廳。我猜她心裡想著這兒子就是會花錢，當兵之前我幾乎從來沒打過工，二十七歲才開始正式工作，工作了一年就要買房子，買房子現在又要跟她拿錢，年紀輕輕就想買房子致富，並不是保守的父母所能認同的。

又經過了一些折騰，連店長也加入了說服的行列，後來我和母親有了決議，太貴！砍價，假如無法砍到我們要的價錢，就放棄斡旋金，不買了，幾萬塊母親說她要出。好像是賭博似的，店長看到母親一砍就砍了非常多的錢，都傻住了，但是我也沒有辦法，我自己是真的買不起。

店長到樓上與賣方溝通了很久，來來回回討價還價，過了一小時，終於大砍了一筆價錢之後，上樓簽約。

店長稱讚我母親好厲害。我也覺得她真的好厲害。不僅砍了房價，還砍了仲介服務費。因為我母親說：我們可以不買！

買下房子後，開始了將近一個月的房屋裝修蜜月期。每天，都想著怎麼舊屋改造，用最少最少的費用，打造優質環境，好像是我自己要住似的。我把老祖母風格黑沙發上網拍賣，沒幾天就有一個男人從嘉義開小貨車載走了，我開價七千五百元，讓他砍個五百就成交了，我們兩個男人就這樣把一加二加三加大小茶几的家具，從五樓徒手搬到樓下。這真是累死我了，而嘉義來的男子因為小貨車載不下，還分成了兩趟。

出清這些東西，花了一整天，工人上上下下，汗如雨下，因為沒有電梯。這是多麼要命的事情，一箱箱、一袋袋的重物，讓許多壯漢都腿軟。接下來我買了油漆、門紗、燈具，開始讓這個空間出現顏色。房間裡面的牆壁我漆鵝黃，天花板則保留白色，客廳則擦米色，光是油漆，我就找了兩個朋友幫忙，也花了我們一整天時間。那兩個來幫我擦油漆的男孩，彼此不認識，當晚我們三個人帶著油漆味，一起去夜店跳舞，然後去飯店過夜。那晚，他們睡同一張床，之後就戀愛了。

接著採購新床、桌子、椅子和窗簾，用網拍沙發賺來的七千元，我買了一張三人沙發、電視櫃跟玻璃茶几，也整整七千元，舊換新。然後是訂定房價，招募房客。我貼在大樓底下和成大附近的告示版，還請成大的學妹幫我

PO在租屋板上，很順利的就在一個月內租出去了。房客挑房東，房東也挑房客，很多學生看到房東這麼年輕，反而不太敢租，這真是一件很奇妙的事情。

夏天時節，房客喊熱，我只好刷卡買了三台冷氣，分期付款，因為我手頭還是很緊，每個月仍過著月光族的生活，戶頭永遠沒有辦法超過五萬。我買了兩台分離式冷氣，一台窗型冷氣，終於解決了頂樓的酷熱。而在這樣當了房東之後再度變成月光族的日子裡，遇到朋友凹請客的時候，真的會令人爆肝，因為大家都覺得你買了房子很有錢啊，但其中心酸誰人知呢？

當房東，其實一點都不好玩。尤其房客電話打來，總沒好事。「房東，沒熱水了，是不是熱水器壞了？」「房東，洗衣機壞了。」「房東，窗戶關不起來。」

此外有屋階級，每年還要繳地價稅、房屋稅，也是一筆開銷，雖然我精打細算每個月收到的租金正好可以拿去繳房貸，不過，其實自己還是掏了一點腰包。有好幾個日子裡，下班後到新買的舊房子裡，穿著雨衣蹲在地上擦油漆，孤孤單單，而別人正在享受著美好假期，那種悽涼的感覺，實在難忘。更有一次我還帶了母親一起去大掃除，我們把洗衣機後面萬年腐朽的可怕堆積物丟出來時，有種想吐的感覺，還有一次請工人來換紗窗，只因為有一片窗戶拆下來後，變形，再也裝不回去。

如此種種，都是買屋經驗談，就在房貸利率不斷調漲、成大動土要蓋全新宿舍大樓時，我便決定出售了，就這樣告別了生命中第一次只花了六萬元投資買到的舊公寓。

房東心法

1. 成大學區，房價有強烈支撐

位於古都台南的國立成功大學，教職員及學生人數都不少，所在地點為東區，若從火車站作為起點，沿著大學路、勝利路、東豐路、長榮路一帶，都遍布著成大校區，因此這個以成大為核心的生活區域，機能非常完備，文風鼎盛，且因為靠近火車站，交通便利，投資學區舊公寓，房價有絕對的支撐。

2. 五樓公寓通常價格較低，適合新手入門

對年輕人來說，爬五樓樓梯還算能夠接受。也因為房價比低樓層的便宜些，

適合新手入門，不過，仍要考慮未來是否適合轉手。

3. 有多少錢做多少事，善用網拍換現金

在這個案例裡面，完全沒有動到格局，一般人在意的衛浴甚至完全沒有更新，只在後期換了一個新的洗手檯，用最少的錢打造成可以出租的物件，並且善用網拍，把原本前房東留下來的家具賣掉，用同樣的金額換新的、年輕人喜愛的沙發。

4. 找房客先從身邊的人找起

我在準備要買這間公寓的時候，就同時詢問同事有沒有打算換房子，因為這個地段她也喜歡，原本她租七千元的套房，搬來我的房間只需要每個月花五千元，每個月多省兩千元，因此很快地就把房客都先後找齊了。

5. 油漆是CP值最高的改造方式

一般沒多餘閒錢的情況下，把房子好好的油漆一遍，確實可以提高房子的賣相，尤其是採光好有開窗的房間，還可以大膽用色，而且很容易就可以進行，只要買好油漆跟刷子就可以開始了。當然，如果牆面想要特別的調色，或是牆面本身有很多的狀況，要補平或是除汙，可能就要請專業的油漆師傅了，交給油漆師傅，原本房間內的家具，也就不用自己搬了。

中西區公寓

五樓健身寓賣掉之後，著手開始找可以收租的公寓，感覺這是一條美好的康莊大道，也因為第一次買房子就賺到了錢，迅速還給母親借來的二十五萬跟同事借的六萬元後，就開始每天翻開報紙的房屋出售廣告，各仲介網站也每一筆都不放過，有一天，我看見了一個學區公寓的廣告，便透過上面的電話聯絡仲介林先生。

我原本要找的是某公寓，林先生說，有另外一間公寓還不錯，窗外可以看到公園，要不要來看看？

跟林先生約好，在中西區的一條巷子附近碰面，跟著他的腳步走進無尾巷裡的二樓公寓，一樓是荒廢的房子，堆滿了垃圾，裡面陰陰暗暗，除了垃圾也有許多廢棄家具、木板，店家不要的廣告看板，還有菸蒂。

這些都沒有嚇到我，因為這間二樓公寓剛好有一間房間沒住人，我緩緩打開毛玻璃窗，被窗外的公園景緻牢牢的吸引住。

沒想到，這樣精緻的小公園就隱身在中西區的巷子裡，而且這裡離大遠百只要五分鐘，距離火車站也不算遠，此外，屋主已經隔好四間套房（據說花了六十萬），我只要買下就可以直接收租，租金高達兩萬。

這間公寓跟前一間公寓一樣，只看了一眼就想買了。而且，還只是看了其中一間房間而已！四個套房中，二〇三和二〇四都是面對公園，二〇一是面對巷子，有自己的陽台，二〇二有自己的小天井，但是基本上不開燈還是非常暗的，而這些都是買到之後，才知道的。但是基於有相當高的租金收益，扣除水電、網路、第四台，租金報酬率仍然高達十%，是一個非常划算的投資。

許多房地產專家說，高於十%的收租型產品可以大膽投資，因為只要十年本錢就完全回來了。

這間公寓我真的很有耐心的一共前後持有了十年，一方面是它的地段太好，用個比喻，就是台北忠孝敦化站旁邊的巷子，成大學區五樓舊公寓賣掉之後，我有了一點點的資金買下它後開始收租，直到二〇一七年十二月賣掉，除了賺到全台房市上漲的價差，還有十年的租金收益，真的不能小看舊公寓長期累積下來的報酬率。

這十年之間，一樓的公寓因為經常堆放垃圾，被人檢舉到環保局而開罰，但是很奇妙的，突然有一天就有工班來動工整理了，隨後也很快地就出租了，不過因為通風不好，後面有非常高的擋土牆，採光也不夠好，非常容易有發霉的情況。而在第七年的時候，我請房客全部搬走，花了六十萬元，把條件比較好的二〇一、二〇三、二〇四衛浴全部翻新，並且全部換成無印良品的雙人床，日光燈全部改為間接照明，毛玻璃窗戶全部換成透明的綠色玻璃，加上捲簾，以及窗邊的吧檯和高腳椅，訴求回家就像渡假，四間套房的租金瞬間拉高到兩萬七千元左右，這也是後來能夠讓近四十年的舊公寓能賣到好價格的原因。

既然它是我的金雞母，為什麼要賣掉它？

這間公寓的左右兩戶五樓，荒廢甚久，裡面滿滿的壁癌跟垃圾雜物，最後兩年，房客來來去去，而且吵架，另外樓上不知道哪一戶住了一個精神狀況不佳的人，經常在敲牆壁，怎麼罵都沒用，也束手無策，因為音量並沒有大到可以叫警察，而且也查不出來是哪一戶住家，真的很崩潰，而且持有了十年，雖然有翻修過，但屋齡越來越久，決定見好就收。也就這樣，把曾經非常心愛的公寓賣給有緣人。

房東心法

1. 接手改造好的套房，直接承接租金

有些人怕改造及裝修房子麻煩，會直接找這種房客都還住著的公寓，簽幾個名，過戶後，租金就來了。

2. 打造現金流，變成資產

這間公寓每個月「本利攤還」的月付金只要七千元左右，兩萬元的租金收入，扣除貸款，尚有一萬四千元的淨流入，這就是一套正向的現金流系統，每個月有人替你還房貸，二十年後房子就是你的。

3. 傻傻收了七年房租

這裡面的租客，多數住了很多年，有一位甚至住了七年，租金當然也都沒漲過，直到有一天我說要收回來自己用，對方才搬走。對於穩定的租客，管理起來相當輕鬆，只要每個月去計算電費，跟他們收電費就好了。

4. 輕裝修換到高租金

輕裝修如果可以拉高租金，倒是可以一試。這四間套房，我只選擇採光好的三個房間，將整套衛浴翻新，做了間接照明，原來天花板要跑管線的輕鋼架、石棉瓦片，已經十分老舊，就連同公共空間的一起換新。由於本來是磁磚地板，早期工法並不怎麼在意水平，此二〇一套房地板上先請工班放置五分板打底，之後再貼上塑膠木紋地板，牆壁漆成灰色的，走工業風路線。二〇三、二〇四套房則走北歐風，房間主牆各漆上水藍色跟淡黃色。床組則全部都買無印良品，二〇三、二〇四因為面對公園，特別請工班做了吧檯，搭配高腳椅，讓回家也有度假的感覺，在租屋網上招租時，便取名「台南市最潮精品民宿套房」，很快便以不錯的租金出租給房客。

三個房間共花了六十萬，平均一個房間二十萬，租金從兩萬拉升到兩萬七千五百元，一年年收租金比原先的二十四萬多了九萬，雖然要七年才回本，但整間公寓轉手也會有增值空間。

5. 長期還款之後的重新抵押

長期投資房地產的好處就是還了將近一百萬之後，我又跟抵押的銀行以非常低的利率借了一百萬出來投資。所以要賣掉，或是抵押出來再去投資下一間，都很好運用。

波哥公寓

台南誕生了許多品牌，許多茶飲是從台南起家，有些倒了，有些還屹立不搖，例如「波哥」，全盛時期有很多分店，甚至還開到台北去。

波哥的創始店在台南市的勝利路，雙店面，已經營業二十年有餘，因為飲料單價低，吸引許多年輕學子、潮男潮女，點一杯飲料，可以坐上一個下午或晚上，消磨閒暇時光，跟朋友聊天聚會。

有的人在意住家附近可能想要有星巴克，對我這種小資男孩來說，波哥是我更重要的指標，有開波哥的地方，對我來說就是宜居所在，因為它並不會開設在太偏僻的地方，附近多半有高中或大學校園，勝利路本店附近就有台南一中跟成大，而南寧街分店附近則有台南大學。我買的「波哥公寓」走路五分鐘就可以到勝利路波哥創始總店。

這間公寓我當初看上，除了它開價太便宜到不可思議之外，主要是窗外能看到長榮女中校園，將來不會改建大樓而阻擋了大好風光，並且能享受南部得天獨厚的日照和陽光，另外，就是靠近波哥，走路就可以去放空休息。不過，這些公寓我自己都沒有親自住過就是了。

波哥公寓我是幸運的第一個看屋的人，當初開價多少我忘了，我利用中午休息時間看完房子，就跟仲介下了斡旋，以一百三十八萬成交。真的不誇張，在台南市東區，台南一中和成大不遠，窗外可以看到長榮女中校園，五分鐘可以到波哥的三樓公寓，三十坪左右，竟然一坪五萬不到，而且是在二○一二年左右，當時台北房地產已經漲到很誇張了，竟然還能讓我撿到這種便宜好屋。

這真的要歸功於一個能幫助你覓得旺財屋的好仲介，因為有錢的人那麼多，很多人可能根本不需要貸款，馬上就可以提錢到仲介公司來給你，為何仲介要第一個告訴我，除了跟仲介維持穩定友好關係，也要讓仲介知道你持續看屋找屋、投資房產，並且讓他留下深刻印象，最好能有不錯的交情，不然，這間公寓內行人真的也是看一眼就會下斡旋。

推敲一下為何開價會開這麼低，多半是屋主覺得自己的公寓不值錢，其次是屋況看起來不佳，租出去的租金也很低，印象中似乎整層只租七千元左右，假如你進去參觀，你可能也會覺得這公寓不怎麼樣，老式的木質沙發椅，訂做的整片電視櫃，拱形的玻璃櫥櫃，陽台堆滿東西，屋裡到處充斥雜物，簡單說，就是台語「親像被槍打過」一樣，除了採光極佳、前後有陽台，浴室開窗有加分之外，其他都慘不忍睹，光是壁癌就有五處。但，這就是能夠低價取得便宜舊公寓的因素。

經過評估，壁癌是可以處理的，至少三、五年不會再犯，浴室加裝的明管跟三十幾年之久的浴鏡、洗手檯、可怕的七〇年代的地磚，都是可以透過改造而達到煥然一新的，所以我就勇敢的買下它。

這一間公寓，三房兩廳一衛浴，我自己找工班施作：泥做、木工、水電、弱電、油漆，分別估價施作，只花了三十萬元。內容包含管線重拉，全室油漆，全新家具、電視、沙發、電視櫃、茶几、桌椅、床墊，沒錯，只花了三十萬，因為我的資金也不是很充裕。

改造後租給成大男老師一家人，年紀與我差不多，一個月租金一萬三千元，水電、網路都由老師自己收到單據付費，以所有的成本來算，租金報酬率達九．二%。

成大老師跟我租了兩年，他一直在思考，為何我們同樣的年紀，我是房東，他是房客。就在第二個小孩出生之後，他就咬牙買了間透天厝去改造來住了。

就在老師跟我租了兩年之後，我也透過原來的仲介幫我賣掉，而且是以很不錯的高價售出。這間波哥公寓在短時間內創造出來的價差，可以說是我這十五年來投資生涯中最棒、最成功的一次。

為什麼會想賣？

這間公寓的樓梯間，一直擺放著牛奶罐，每次經過，始終不知道它的用意，直到有一天下雨，發現那個牛奶罐竟然是裝雨水的桶子，那一次的傾盆大雨，樓梯間彷彿成了瀑布，從頂樓一直灌下來，嚇壞了我，也就趕緊把它賣了，而且賣的時間點剛好是二〇一四年，台南房價的相對高點，實在是太幸運了。

房東心法

1. 整戶出租，輕鬆愉快

由於是整戶出租，因此只需要對一組房客，加上水電、網路自理，是那種買了便可以忘記的房子，隨著時間流逝，房客仍然每月幫你償還貸款，最愉快的事情莫過於此，因為時間是過很快的。

2. 自己找工班，自己監工

由於之前找過一位油漆師傅，透過他找經常合作的各工種師傅來估價，省了給工頭的（管理）費用，簡單說就是不會被工頭賺一筆，估出來的價格也比較實際，就算給師傅賺，也是賺合理的費用。在施工過程中，自己也學習了不少，例如工序，有些工種要先進來，之後才會換別的，譬如拆除最先，清潔最後，因此垃圾與雜物經常堆放非常久，到最後確定沒有東西要丟了，才會請民間垃圾清運公司來清運，有些家具則可以先請環保局清潔隊運走。

3. 拆除自己來

我印象最深刻的是，這間公寓有很多老式的木櫃、吊櫃，非常龐大一組，我特別請做設計師的朋友帶著他朋友來拆除，因為根據估價，光拆除就要花一萬五，一點也不誇張，而我請朋友來拆，花了八千塊，整整省了七千塊。

4. 好仲介才有好機會、好財源

目前為止仍有保持聯絡的仲介大概有三、四個，認識時間至少都五年以上，最久有接近十五年的，保持穩定的聯繫，才會有好的機會第一手接觸這些旺財屋，要賣房子的時候也可以透過他們尋找合適買家，你擁有越多幫你找房子的好仲介，等於你開了很多條系統去替你找屋，因此如果有投緣的仲介，可以保持良好互動，找固定的仲介帶看。

望安小宅

那年夏天初次拜訪澎湖的望安嶼，驚豔於這個小島的寧靜與美麗，二〇一四年買的舊公寓就取名「望安小宅」。

望安小宅位於五樓，在古都台南，這兩年房價因翻倍漲幅，許多人望屋興嘆，怕買在高點，尤其新屋，更難下手。我在東區一個較少人知曉的街上，發現了透天豪宅的對面五樓，有個待售、十分不起眼的舊公寓。

一共看了三次，每次爬到五樓都氣喘吁吁，仲介在行銷房子時，總喜歡將屋齡三十年以上、沒電梯的樓寓稱為「健身公寓」，多麼有朝氣的名詞啊，聽了也覺得正面積極多了，好像爬五層樓也能練點腿力。是的，每次沿著樓梯盤旋而上，就好像在爬一座圓形燈塔，等到抵達塔頂，迎向陽台外的陽光，就感覺自己又征服了一次。

原來的格局不佳，三間雅房，僅一套衛浴，又有狹長型走道，致使每個空間都感覺促狹窄小，入口客廳外的陽台，被包覆了鐵窗，把遼闊的藍天阻擋在外，舊式的鋁門窗和毛玻璃，透露著它的歷史，地板是綠色的大理石，踩起來感覺冰冷，唯一的一套廁所，極大聲的抽風機轉啊轉，卻也無法把風抽到外面去。

購入之後，先解放鐵窗，找回藍天的觀賞權，請設計師朋友畫了設計圖，修修改改，一邊做一邊想，施工期間，可能是我太焦慮，或是太緊張，一度覺得這房子的牆壁或地板似乎不正，還沒上油漆之前，真的看起來四不像，一些粗糙的收邊，新舊水泥的交界，凹凸不一，再加上噪音引起鄰居的抗議，讓我也一度退怯、不想來監工，甚至自我責備，沒事買一間五樓老公寓給自己找麻煩，再加上剛好一樓水管爆掉淹大水，怪罪是施工所致，頻頻找我，讓我真想逃之夭夭，一走了之。

於是它漸漸失去我的關注，我的熱情也明顯消退，從不主動打電話回報進度的設計師，也就按照他的意思去做了，於是，馬桶裝好漏水，浴室門片送錯，地板架高兩邊收邊不同，淋浴的水龍頭漏水，工人把鑰匙搞丟，狀況頻頻，心想是不是因為開工沒有拜拜，怎麼會這麼不順利呢……

某位經歷人生低潮的唱片界工作者說「只要轉念就能望安」，他的話引起了我的反省，他也是二〇一四年去了一趟望安，騎著機車馳騁在人很少的小島，卻意外發生車禍，但是他認為只要轉念，人生就能有不同的開展。

或許這裝修期間的不順遂，正是要給我啟發另段美好人生也說不定，於是我登門拜訪鄰居，學習和不怎麼討喜的鄰居溝通，也真切地對設計師表達施工期間我種種不愉快的感受，最重要的，我也願意接受急著想要「成果」所造成的施工落差，同時也試著去愛上這間我當初因為有美好願景而買下的房子。

我請設計師處理所能補救的部分，挑選適合這個空間的油漆顏色，完工後，掛上在京都買的畫，學生時代收藏的電影海報，還有骨董沙發椅，朋友也來幫我組裝椅子，就在沙發音樂的旋律中，開始裡裡外外打掃及清理，當床擺上去後，它開始像一間可住的「房子」了，書櫃也擺滿了我購置的書籍，我還擁有一個大餐桌，可以在雅緻的吊燈之下閱讀，然後電視也裝好了，衣櫃也來了，一個家的機能就這樣完整了，啟用這間房子重要核心——廚房的一份料理，便是母親為我準備，補補身子的雞湯，這個房子，開始有了愛的流動。

我在這裡，從一開始的畏懼退縮，最後終於搬進去住，前後整整住了四年半，後半年時間更花了錢升級調整，砸下大筆預算把地板更換成德國頂級超耐磨木地板，把電視換成五十五吋的三星面板，更不手軟的添購品東西家居的灰色布沙發、芒果木餐桌，提升家的質感，直到第四年半，為了有更好的生活品質，我搬到一個有電梯，且屋齡只有一年多的大樓，望安小宅以一萬八千元租給了別人，而我只花了八千元去租市中心陽台套房，我終於，可以不用再氣喘吁吁地爬樓梯回家。

房東心法

創造每個月的現金流

原本用來自住的「望安小宅」公寓，因為自己住不了那麼大的空間，每個月都必須付貸款，加上每天爬五層樓樓梯也累了，所以就自己另外租了小套房，結果每個月還有一萬元的收入，唯一的差別就是少了廚房，沒有機會享受料理的過程，不過雖然有廚房，每個星期也大概只有煮一次而已。

後站公寓

二〇一六年的某一個夜晚醒來，突然覺得需要再買一間公寓，這個心裡的聲音非常清楚：如果不買房投資收租，可能很快就會把身邊的錢花光。

找了找，找到了後火車站不遠的一間四樓公寓，非常典型舊式的住家，地板磁磚都已破裂掀起，前後都有陽台，每個房間都有採光，三個雅房，一個套房，屋主之前便宜租給兩個學生，據說賣了很久，看的人多半不太喜歡，因為要花大錢改造，而且就如同許多長輩的價值觀，四樓不好，有個四字，但是，全世界的建築物都有四樓啊，難道四樓都不要使用了嗎？

考慮到現在的人真的很不愛爬樓梯，所以希望能找到不是五樓的房子，四樓的話勉強還能接受。

我先處理超大冰箱，賣給開公司的朋友，他們即使從高雄開小貨車來載，還是比自己去買新的還要划算，這麼大的冰箱對於租客來說，只有耗電的份。一對二的冷氣室外機，我也請收破銅爛鐵的買走了，洗衣機還能用，就保留下來，其他都丟棄了，而且原本有兩個房間是用衣櫃隔開的，拆除後，變得很大。因此我一度考慮要隔成兩間套房，但是隔下去，可能兩間都會很小，雖然租金加總會比較高，但是多弄一套衛浴以及多買一套家具床組冷氣種種設備，並沒有比較划算，不如就保留原來兩間打通的大小，還能有小客廳，而且也可以租給情侶。

因為我很喜歡房地產，所以也喜歡自己畫格局圖，工班提供的磁磚只有三、五種，通常都不合我意，所以我都是自己去建材行挑選，偶爾也會下重本買進口磁磚，但千萬別小看磁磚，這真是一門大學問，因為通常磁磚只賣一片，只有局部，你只能靠想像去完成全部作好的樣子，因此我常常一個人在下班後在建材行裡看了又看，想了又想，每次都待超過一個多小時，久到連店家都不想理我了，一方面我也有點太龜毛，太完美主義。

但我認為這也是房地產好玩的地方，每一間房子都像是一塊畫布，可以實現自己的夢想，根據不同的空間條件，完成自己的作品，所以我一度認為自己念錯科系，室內空間設計跟裝修實在是太有趣了，我可以照自己的感覺設計：這裡是走道，這裡想要一盞吊燈，這裡我想要灰色牆壁，這裡想要流理檯。

磁磚買來之後，偶爾也會考倒那些師傅，因為有些磁磚另有特別貼法，當素磚搭配花磚，花磚的位置決定成品最後的美感，非由我決定不可，所以常常是上班上到一半的時候，一直思思念念想著自己的房子，每次只要是裝修的那幾個月，一顆心也都是懸著，感覺在孕育一個小孩一樣，小心翼翼，十分期待，每天都好希望時光快轉，完成後，好好的休息。

經常是這樣的，沒有裝修的時候就在找房子，找好房子了就在忙裝修，常常去特力屋一待就是兩小時，去想看看要買哪些東西，到底適不適合，這樣的循環大概兩三年就會 Run 一遍，每玩一次，就覺得很過癮，到後來，挑選的時間就變短了，而且也會發展出自己的一套風格，房間固定的樣式，以及衛浴想要的氛圍，私以為，衛浴真的是一個家的靈魂啊，那種最基本的配件、馬桶、鏡子，都滿足不了我，我也不想給房客用最陽春且廉價的東西。

經過了幾次的改造之後，越來越有自己的心得，也跟工班配合出默契了，工班慢慢的就會知道我要的是什麼，不用再玩猜一猜的遊戲了。

給下一個佛系房東的 備忘錄

房東心法

1. 刷卡買磁磚，賺紅利點數或累積里程

一般的建材行是不能刷卡的，但是品項種類絕對是比特力屋這種賣場多很多，尤其是很多進口磁磚、地磚，能給房子帶來極大的加分作用。不過建材行的好處是可以有較大的議價空間，店家可能有機會給你設計師的價格，如果只是做一般的浴室牆面可以考慮在特力屋刷卡。或是一部分特力屋買，一部分在建材行買，多方比價雖然花時間，但可能可以省下許多冤枉錢。

2. 善用 MOMO 購物

這間公寓買的儲熱式電熱水器，二十加侖只花了八千多塊，在某大賣場展示現場大約要一萬元左右，MOMO 購物則常常會有很多意想不到的便宜促銷價格，連來安裝的師傅聽到我買的價格都非常吃驚。

3. 大家具賣場的出清商品區挖寶

宜得利的出清家具商品區也是我經常去挖寶的地方，這些商品只因為展示較久，或是要換檔期，換商品，因此常有便宜出清的好貨，有事沒事我便會到宜得利逛逛，床架、床墊、衣櫃、桌椅，常常是我下手的目標。IKEA 的電視櫃也是我推薦的購買來源，玻璃製的，大約三千元左右。

4. 用心營造家的感覺

我在規畫這間公寓時，發現現在的趨勢是「少子化」，這些年輕租客想要質感好一點、獨立性高的居住空間，他們寧可多花一點錢，以便有自己專屬的洗衣機、陽台，早期大學城裡的套房都非常小間，擺了單人床跟一張桌子和衣櫥之後，多半沒有空間了，宛如鳥籠。此外，路邊那種家具店的產品，現在也不太合年輕人胃口了，液晶電視現在很便宜，只給三十二吋電視的想法真的過時了。如果能打造一個自己也想住的空間，我想一定可以在房租上有較好的價格。

5. 用高租金吸引較優質的房客

殺的頭破血流的套房市場，在台南市區其實四千多塊就可以租到套房了，這樣的產品可以想像房東不太想多花錢，或是內裝非常簡陋，家具老舊，沒有多大的競爭力，只能吸引到一些想省房租或是價格敏感的客人，尤其以學生為大宗，如果你的地點不夠優勢，離大學跟車站遠一些，那真的只能靠內部輕裝修，吸引到比低價族群再高一點的客人了，而這樣的客人也比較不會繳不出錢來。

—備忘錄—

舊公寓投資心法

老公寓要如何買，才能打造出六%以上的報酬率呢？如何決定一間房子能不能買來收租？有沒有具體的指標？除了地段之外，還要考慮些什麼嗎？

假如你已經準備好要邁向包租公之路了，並且把穩定收租視為另一個退休金的來源，那麼也許可以參考一下我這些年來下手老公寓的決策指標。

一、火車站附近

地段一直是投資房地產最重要的心法，因為居住在市中心，一切都很方便，俗稱蛋黃區，而方便意味著省去了許多的時間，而時間就是一種成本。

不管在哪個城市，火車站一定是當地非常重要的據點，毫無疑問的，也經常是重要商圈，因為交通往來的關係，發展較為成熟，因此鎖定在火車站或是捷運站，重要交通樞紐的地段，基本上是安全的，其房價也是相對有撐的。

二、低總價

舊公寓相對於透天，華廈，大樓，基本上價位會比較低，而低總價意味著一種較低的風險，因為兩三百萬買的公寓，跟動輒兩三千萬的大樓來說，你所能承受的房價下修風險，舊公寓自然會小一些，我曾經買過的公寓，最便宜的是一百三十八萬，說真的，壓力很小，很好睡。你要準備的自備款自然不用太多，要借貸的金額，則更小了。不過，超低總價的公寓，可遇不可求。

三、一層兩戶

有些舊公寓，一層三戶，一層四戶，這種我都不考慮，最理想的就是一層兩戶，兩兩相對，五個樓層，最多十戶，這種的絕對會比三戶，四戶的單純得多，如果舊公寓一層是三戶或四戶，那往往是一種很奇怪的格局，要嘛L形，要嘛多一套上下的樓梯，整個很怪異的感覺，最奇特的，是宛如電影場景那種口字型公寓，你甚至可以知道每一戶人家家裡在做什麼，隨便就可以走到人家家門前，或是窗外，毫無隱私，這種也是不考慮。

四、採光好，有陽台

房間的採光，我認為是跟地段一樣重要的考慮因素，因為當採光好的時候，房子就比較不容易發霉潮濕，如果很理想地在每個空間都有開窗，那勢必也會有良好的通風效果，當然，南北向的房子是優於東西向的。如果有陽台的話，就更棒了，除了用來種種花草，自娛娛人，洗衣服和晾衣服，也是需要陽台作為運用空間。因此有陽台的房子特別加分。

五、學區附近

大學學區文教氣息濃厚，與車站同樣都是首選，因為大學通常不會遷走，每年都會有新生入學，因此租屋的剛性需求永遠都在，而且學校宿舍通常無法滿足所有學生，大學生也常常想要擁有自己獨立隱私的空間，因此學區附近的套房占有一定優勢，有些房東甚至直接擺明了只租X大的學生。也算是一種名校光環和信任感吧。

六、自己會不會想租

下手一間老公寓之前，要問自己，假如買了，關於目前的種種條件，自己會想租嗎？如果自己是遲疑的，那也不太適合投資了。因為自己都不太想租的房子，如何有說服力租給別人呢？

七、好不好改造，以及屋況

一間值得投資的老公寓，應該也是好改造的，例如，巷道的寬度，車子是否進得來的，便於施工，室外如果加裝冷氣室外機，有地方放嗎？目前的屋況需要投入多少成本，才能整理成可以租人。這些都是可以先計算的。例如牆面有壁癌，地板磁磚凸起，舊式鋁窗可能要全換，天花板需不需要拆除，這些也都是要考慮的點，因為有時候，光是拆除原來房子裡的木作，及後續清運，就要花上兩萬元了。

八、年度租金報酬率是否超過六%

假如以上的條件都吻合了，打算購入，那麼，初步算一下，所有房間的租金，乘以一年，再除以總成本，這樣是否有超過六%呢？如果有，就可以安心地買了吧。假如低於四%，那報酬率真的不是太高，因為貸款成本假設二%，打造後只有四%，那也只有賺二%，加上維運及管理成本，各種稅金，可能真的沒有賺多少錢了。舊公寓以六%報酬率以上作為購入的指標，是我個人的建議，當然越高越好，假如是十%代表十年收租即回本，也就不用太擔心所謂的房價下跌或折舊。如果要保守一點的投資，就扣除所有成本的六%以上，那會更穩健。

九、公園附近，避開嫌惡設施

最後一項，是鄰近環境的考慮，如果走出家門，附近有公園，那真的大加分，如果有嫌惡設施，那真的要多加考慮，例如：加油站、廟宇、垃圾場、焚化爐、八大行業、電塔、殯儀館等等這些可能是需要思考的。

輯二

那些房客教我的事

會被寫成故事，留下深刻記憶的房客們，可能多少都有些強烈的性格……

住在回收垃圾堆裡的男孩

先是臭味，再來映入眼簾的是房間裡滿滿的雜物跟垃圾。

二〇二的房客才二十一歲，這麼年輕就出來工作討生活，素日裡在一間租車行工作，是我對他全部的了解。他聲稱不轉帳，所以我每個月都要打電話給他，跟他約好，然後去他工作的地方收租金。

初次見到他，安安靜靜的，對於台南人還出來外面找房子，產生了一點點疑惑。同時間看房子的，還有一個附近的護校學生，但是護校學生晚了一步才說想租，那時我因為已經答應了這個男孩，只好忍痛割捨，要不然，護校一年級學生剛入學找房子，也許可以一路就住到畢業，完全不用再找房客。長期而穩定的房客，是每個佛系房東的最愛。

每一回看見他，都是一副蠻不在乎的模樣，從口袋裡掏出皺成一團的千元大鈔，約莫是抵達台南租車的客人給的鈔票，全部揉成一團，亂塞在口袋裡，看樣子，應該也沒有用皮夾的習慣，拿鈔票的手，可能還有機車的髒汙。我總是到他工作的租車行找他，並且要先通電話跟他確認他在。

一年下來，每個月月初就找他一次，見他拼拼湊湊口袋裡的幾張鈔票，然後給我，有時候我要找錢，還要跑去附近便利商店找開，這種需要特殊約定的房客，真的很少，所以印象特別深刻，因為有些麻煩，對於每個月要跟他約定收房租，感到有些怯步。

彷彿是一種神祕的儀式，我出現，然後他掏錢。

兩個月前我跟他說，我的房子要賣了，我們的合約結束後，不續約了。他好像有一點震驚，我提早告訴他，好讓他有時間可以先去找房子。

而事實上是，他隔壁房間的房客告訴我，他晚上似乎都沒有在睡覺，進進出出，非常喧囂。隔壁房客一說，其實我就懂了，這個房客沒有辦法再留了。

終於來到這一天，跟他約好他指定的日期，然後晚上前往點交房屋，拿回鑰匙退押金，結算電費。

我跟一個做小籠包生意的「買方客人」，就在他的房間外面等他回來，約好的是晚上十點半。對，晚上十點半仲介還穿著制服在服務著客人，帶看房屋，一切以服務至上，非常辛苦。

等了一會兒，不見他回來，便打了電話給他——我們不是約好今天要點交嗎？他竟然說，他以為是明天。

有些人的不可靠，就是在這種細節裡展露無疑。有些人的不在意和隨便，都是有跡可循。我只好悵然離去，絕對沒有錯，在當房東的日子裡，不是天天都躺著賺，這也能說明，過濾房客有多重要了。

終於到了隔天的晚上十點半，他也終於出現了，並且帶著一個朋友來，高高的一個兄弟氣息的人，一進房子裡就在握拳，把手指折的喀喀作響，似乎是在展現威風，打開房間一看，臭味撲鼻，垃圾滿地，眼前的畫面實在令我震驚，這真的跟我當初租給他的房間是同一個房間嗎？走到浴室差點暈厥，馬桶中間呈現黑色，這個馬桶還能用嗎？是如何使用到可以讓馬桶的底部卡滿了黑色汙垢？牙刷架上有發霉的痕跡，蓮蓬頭也斷了，他到底是怎麼住的，又怎麼住得下去？

我故作鎮靜，走出房間，跟他拿回鑰匙之後，請他快點清一清，然後就把為數不多，扣除電費後只剩的三千多塊押金退給他了。

他說好，然後就跟朋友走進房間裡。

但是不對呀，他們什麼東西都沒有帶，連大垃圾袋也沒有，這樣是該如何整理跟打掃？

看了這樣的房間，大抵對於他是一個什麼樣的人，也就有個底了。而隔天早上我再次踏進他的房間，果然，原封不動，完全沒有整理。但是昨天他跟他朋友，進去房間裡面做些什麼呢？聊天？

細細看房間內部，發現他跟回收的垃圾住了一年。有一個大紙箱堆放了滿滿的便利商店塑膠盤，堆到跟腰部一樣的高度，至少令人欣慰的是，他還有用水沖過，否則整個房間就爬滿蟑螂了，另外有許多內褲、不成雙的破鞋子、垃圾雜物、布偶，冰箱上則是飲料翻倒的痕跡，吸管到處亂丟，牆壁也都發霉了。

為什麼不扣押金？

為什麼不等他清完再退押金？

其實可以，但是「結束關係」的時間會拉長，我只想趕快放生他，而且如果他要把房間清乾淨，早就清了！不可能放了一晚還不清，如果不退錢呢？

我覺得他特別帶來一個疑似兄弟的男子，而我的公寓沒有監視器，我不想為了那一點點小錢冒險，萬一起了什麼衝突，我只有一個人。而且萬一他也不整理，我不退押金，那也拿不回鑰匙，還要繼續跟他周旋，真的很累。而我一心一意只想把他送走。

這個房間因為採光很差，平常白天也沒有日照，因此只租了男孩四千三百元，因為價格較低，所以吸引到這個永生難忘的房客。

過了一段時間，也許不是太久，經過他工作的租車行時，也沒再看見那個跟垃圾一起睡的男孩了。而我的這間公寓後來也很幸運的找到了買家，結束了長達十年的屋主身分。

萬磁王

那個眼窩有點黑的男子，透過租屋網與我聯繫，還沒看到房屋的他，就說要租二〇二房了，接著，沒多久，他的全部身家財產就跟著到了。這種情況也不是沒有過，但我覺得還是挺神奇的，還沒有看過房間現場，光憑幾張照片，就可以決定要住下來，房間基本的通風、採光、公共空間、附近環境、格局、方位、生活機能，好像都不重要。

雖然帶著遲疑，但希望快點把房間租出去，把房租收進來，了卻一樁心事，所以也就答應了，因為自從當房東以來，十分順利的我，還沒有遇過收不到房租的紀錄，遇到的房客也都沒有特別難處理的狀況，因此就帶著「僥倖」的心態跟他簽約。

稍稍問了他的工作，他有點緊張，又有點心虛的說他在美髮院上班，感覺是要拿個正當的職業來搪塞我。當下只是覺得，問個工作有必要那麼緊張嗎？

搬進來之後，就接到黑眼窩男子的LINE：「房東哥，我房間的東西壞了。」

稱兄道弟的，是在拉關係嗎？之前同樣的房間，別人住的時候不都是好好地嗎？怎麼黑眼窩男子搬來後就是一連串東西故障，一開始是冷氣故障，後來是罕見地整個電流不穩，電風扇忽大忽小，燈忽閃忽滅，十分詭異。

那個房間的冷氣雖然不是一線大品牌，但以二線品牌來說，用個七、八年倒也是撐得過去的，突然之間冷氣竟然故障，只好請維修師傅前來查看。至於電流不穩定，倒是奇特了，我第一次聽到房間的電流產生「不穩定」的情況，莫非黑眼窩男子像漫威電影裡的「萬磁王」，具有非常強的磁力，所有的東西在他手上都可以漫天飛舞，抑或是男子的磁場怪異，造成了房間的電器用品故障，以致電流不穩，光是電風扇忽大忽小，就讓人覺得非常不尋常啊。

根據這十幾年來的經驗，確實有磁場影響電器用品的情況，例如房客的個性如果比較龜毛一點，那個房間的網路就會不穩定，而且電燈也容易壞掉。我有一位在 3C 賣場工作的朋友就跟我說，只要他在交易的過程中，該商品被買方用一種非常狠的方式殺價，那個賣出去的貨品，常常很容易就壞了。也許，就是那個想購買的人，發出了很強的念力破壞了物品的能量吧，因為作為自由流通的市場經濟，每個物品本來就該有合理利潤，訂定合理價格，消費者偏偏想要用成本價購買，自然會引發銷售方一種非常不舒服的心理狀態。

電流不穩定，身為房東的我，束手無策，只好在假日晚上硬著頭皮打電話到台灣電力公司，請台電人員來修，說來也真是辛苦了，一通電話二十分鐘後就到了，真心感謝台灣才能有這種服務。幸好也修好了。因為旅居德國的一個作家曾經分享過，叫一個水電工可能要等上三個月啊。

萬磁王租的房間，是一個見不到日光的房間，通風、採光都不好，陰暗潮濕，所有的房間就這間最難租，所以我為了怕空房太久，房價也一降再降，也只有像萬磁王那種完全不在意採光的，還沒看過房間就可以簽約的人，才願意住吧。或是，對自己的人生根本無所謂的人，什麼都不介意，因為他對待需要長久居住的房間的態度，正如他對待自己的人生一個樣。

為了讓這個房間賣相較好，空房招租期間我去買了新的床架，萬磁王搬進來時我便跟他說，舊的床架有空拆一拆，搬到一樓巷口，再打電話請環保局來收，環保局來收走舊家具，是不用任何費用的，我臨走前跟萬磁王強調。

除了入住前幾天，一連串的物品故障，萬磁王租屋期間，每個月都要上演一次痛苦揪心的催繳租金八點檔大戲，萬磁王先生總是一再拖延繳房租的時間，真的不要見怪，一個月四千兩百元的租金竟然會繳不出來，的確有這種人，他會先告訴你晚個幾天，然後我便進入了無止盡的等待，等等等，等到他說的時間到了，用 LINE 很客氣地問他能轉帳了嗎，他還是說繳不出來。催收萬磁王的租金是一生中最痛苦的事。

幸好萬磁王有一天自己說要搬走了，當我和萬磁王點交房子時，走進完全沒有陽光的二〇二房間，才發現，住了這麼久，房間內還同時放著入住時買的新床架和舊床架，萬磁王，完全沒有把舊的床拆卸請環保局載走，完完整整的，堆放在房間裡，陪伴著萬磁王的每一個白天和夜晚。

再後來，約半年，從信箱中意外發現了一封台南地檢署還是法院的信，是要給他的，上面有毒偵字號，恐怕與毒品案有所牽扯。我沒有任何遲疑地就把信退回去了。

朋友說：早就知道他有問題了。

他問題可大了，他一搬來，所有能壞的東西都壞了。

你，相信磁場嗎？

媽寶男孩

租房這種事，有時候是房客自己就能決定，有時候會帶朋友一起來，或是情侶兩個人一起來，幾次經驗中，有女生幫男朋友看的，或是男生幫女友看房的，但是要住的當事人沒出現，委託給另一半，不知道如果住出一些問題或不愉快，是不是要叫自己的男／女朋友「踹共」？

有些更慎重的學生族群，則是爸媽會一起前來，一方面可能學生涉世未深，自己看房子可能「看不懂」，做不了決定，另外一個主要因素，可能是家長付帳，所以非得把父母大人帶來不可，再更謹慎一點的可能整個家族，除了爸爸、媽媽，阿公、阿嬤也都一起來看了。

當房東久了之後，或許是累積的經驗夠了，從看他們看房子的態度跟眼神，停留的時間長短，講話語氣中的興奮程度、身體姿勢與動作，大概就可以判斷出會不會租了。有一種想租的房客最令我感到害怕，就是極力殺價殺到見骨的，然後殺價不成反而萌生了一種濃濃的恨意，這種，千萬不要租，因為太貪小便宜了，絕對不會有好結果。

二〇三房這位先生的故事很有趣。

先是S太太，也就是二〇三先生的母親打來，當時我還在睡夢中，從床上驚坐起，細細回答她關於房子的每一個問題，那種仔細的程度好像是審問，讓我一度以為，會不會是國稅局打來的。

S太太前前後後問了大概快十五分鐘，才約好稍後從新營來看房子。聽S太太的描述，她兒子已經在工作了，但怎麼會是媽媽打來？

帶著一些好奇，前往房子所在處，等待S太太一家人出現。除了S太太，S先生跟要租房子的兒子三人一起出現，我帶他們進去看房。

二〇三的窗戶很大，窗外有公園景緻，我為此請師傅做了一個吧檯桌，搭配高腳椅，有事沒事都可以坐在高腳椅上，欣賞窗外風景，偶爾周末也會有市集，或音樂表演，早上會有銀髮族長輩在此練功運動，下午則是學生情侶跟親子時間，玩樂嬉戲。

S太太的孩子看起來應該有三十幾歲，在科工區上班，每天從台南市區往返新營，雖然開車，可是還是覺得疲憊，所以想找台南市區的房子。但是我有先預告，這間房子有打算要出售，但不會影響租客，所以先把這情況說白了，能夠接受再租。

我覺得很奇妙的地方，明明是孩子要租的房子，都是我跟他的母親聯繫，母親說了算，他都已經三十幾歲了呀。那就只好稱呼他為媽寶男孩。

另外一個更耐人尋味的地方就是，這位媽寶男孩，跟當初我買來時就已經住在二〇三房的那個男生，長得幾乎一模一樣。實在是太有意思了。學理工的男孩，八成都是那個臉蛋，就跟職業軍人、老師當久了一樣，從他的樣子也能感受到那個職業帶來的氣息。

跟這個憨厚的媽寶男孩後來順利簽了約，搬進來那天，也是一家三口一起出現，而且還比原定時間還早到。我跟S太太說，哎呀，你們一家人的感情真的很好。

不知道什麼緣故，現在的房客都是來來去去的，流動性很強、流浪性格也很強，有時候能夠住滿一年，就真的很不錯了，更不要說是一住好幾年，可能只有土象星座才辦得到吧？

而媽寶男孩，果然沒有住滿一年，他就告訴我，他要換工作北上了，結束了我跟媽寶男孩的租客關係。

咖啡館男孩

面對公園的二〇四房，住的是一位在咖啡館工作的M先生，戴著紳士帽，二十幾歲的年輕人，有一種很獨特的文青氣息，相處起來也十分舒服愉快，是那種相處過後會覺得，啊，好想租給他的房客。

不過呢，你挑房客，房客也挑房間跟房東，有一種優質房客，你見過之後，會興起一種「好想租給他喔」的感覺的房客，只少數像M有跟我租房子，只可惜，總是這樣的，M先生有一天跟我說，他要提前解約，必須搬走了。我就像是閱讀一本小說一樣，還沒讀完，書要被收回去了。每一個房客都有自己的生命故事，也都像一顆有著自身生態系的星球，更像是一本書，吸引我去探索他們華麗多彩的內在。

其實，在每個月固定去抄電表的時間裡，就有發現M先生偷養狗了，我問他，你養狗嗎？他說，朋友的狗借放一下而已。因為在走廊上就可以聞到狗的味道，還聽到狗在嗚咽的聲音，不知道是肚子餓了，還是沒有主人帶牠出去公園跑跑。

M先生也真是奇特，偷養狗就算了，窗戶也不打開，可以如此與濃濃的狗味共存，真的厲害。

因為M先生提前解約，以及違反規定養狗，所以被我扣了一個月的押金，M先生也沒有意見。關於他為什麼要提前解約，我並沒有問他。

M先生搬走後，我詢問了許多養狗的朋友，並上網求助，該如何去除那可怕的狗味。如果以狗味跟菸味來說，菸味算好清除的，只要通風，放些植物，打開空氣清淨機，大概兩天可以去除，但是狗味就不同了，我試了很多可以去除狗味的芳香劑，都沒什麼用，頂多只是用香味掩蓋著狗味而已，而且過了一段時間，即便是用電風扇吹了二十四小時，還是能夠在人工香味的底下混合著狗味被我聞出來。

所謂的狗味，據我所知，應該是一種狗所散發出來的荷爾蒙之類的味道。而且房間內還發現狗偷尿尿的印記，於是請工讀生跟我一起將地板用漂白水（據說有效）清洗過兩次，然後用電風扇吹一個星期，床罩上有煙燒焦的痕跡，不知道是怎麼弄的，也拆起來洗，但還是沒用。空氣清淨機也二十四小時開著，甚至把一盆植物都拿進來了，還是一樣，有著狗味。

為了將來不再有這樣的情況發生，下一個房客搬進來時，我一定會告訴對方，禁養寵物及室內禁菸，並在合約上註明。

我想像著M最初告訴我他在咖啡館泡咖啡的樣子，他穿著那樣帥氣，有著十分鮮明輪廓的臉頰，他可能穿著圍兜兜，在熱熱的咖啡上拉花，也可能一邊沖泡咖啡一邊跟客人分享關於咖啡的一切。

咖啡香的背後是狗的味道，M先生這本書的劇情轉折也不算令人吃驚，許多人總是你要細細讀過一遍，才知道最後要鋪陳的故事如何。也許，人生的這一本書也是如此。

來自國外的 P

這些年租過不少房客，學生只占了二%左右，其餘多半是上班族，外國人倒是頭一遭。一開始我還有些緊張，跟老外簽約該注意些什麼呢，合約要怎麼簽？該不會要翻成英文？我該怎麼跟來自外國的他溝通？假如他剛來台灣不久，恐怕中文也不太好，這樣到底要不要接受？人家都說能租給日本客人是最理想的，因為租金最高，而且日本客人的素質普遍都很高，退租時還能夠維持的非常好，感覺像沒住過一樣，租給日本人是佛系房東最幸福快樂的一件差事，而且日本人來台灣工作多半都有極佳的薪資待遇，中上階層，對住的品質相當要求，公司也經常有補助。

很可惜一直沒有租過日本人，因為日本人通常會要求有管理員、電梯、屋齡新，我的舊公寓沒有一項符合。不過即便如此，我的房間依然有自己的競爭力，因為我選的房子地點都在市中心，離車站也不會太遠，也許房子雖然偏舊，但裡面的布置設計還是能夠給你驚喜，所以仍有自己的市場。

他叫做P，瘦瘦高高的，金色的頭髮，二十幾歲的年紀，選擇在台南落腳，近年台南除了幾個知名觀光景點，不常看見外國人在街上遊走，工作居住可能也是少數，P來台灣已經兩年，他告訴我他在某機構工作，我留下他的護照影本，撥電話去詢問，確定P真的在那裡任職。

幸好他身邊有個女孩，能夠代表他簽約，看上去兩個人頗為親密，但較隱私的事情我一向不過問，我只要確定有事情時可以聯絡這個女孩，比如說提醒他繳房租，或是告訴他這個月電費金額之類的。簽約當天，我拜託一位在澳洲長大、英文很好的朋友來幫我翻譯，以便解說水費、電費、網路這些日常瑣碎的事情。看朋友用很流利的英文跟他對話，覺得非常羨慕。因為光是電費、電表，按表計費這些我就不知道怎麼翻譯了。

也許是國族文化的不同吧，我辛辛苦苦買的全新雙人床墊，來自國外的P先生說他不要。或許他在意個人衛生問題，畢竟那是每天都要躺上去的親密接觸之物，他自己另外準備了一塊雙人床墊，而我提供的床墊，被他和女孩拉出來放在走廊，立在牆面，尷尬地存在著。

雖然說有一種房東是不準備任何家具給房客的，也有一種房客喜歡用完全自備家具而跟房東談房租價格的，這正好是兩種打算，兩種想法，不過都不算太常見。不買任何家具的房東，一來是不想花太多錢，二來房東喜歡的，房客未必喜愛，乾脆讓租客自己買。根據觀察，多數的租屋族都想要一卡皮箱就能住進來，而且儘可能地找到自己各方面都滿意的如意居，不論是地段、價格、生活機能，家具設備等等，除非萬不得已，不然在這個忙碌的現代社會中，有多少人還願意花時間自己四處奔波去找家具？萬一不住了，搬家時還要自己帶走？

床墊就算了，外國房客連電視跟電視櫃跟冰箱也都不要!!這實在酷斃了，他透過女孩跟我說「通通退貨」，希望我帶走。要不是我還有別的房間還能接收，五十吋的電視，單門小冰箱要叫我放哪呢？

我想也是合理，外國人在台灣能看的頻道大概也沒幾台，有網路跟電腦應該就已足夠！很好說話的我就找了朋友把五十吋的電視跟冰箱都搬到了我自己家的客房，幸好不算太遠，徒手搬，幾分鐘的路程就到了，而我正好也需要這些設備來提升朋友來訪入住時的生活品質。

P住的那個房間，大概有九坪左右，有一次拿東西給他，他把房間的門微微打開，裡面布置的挺溫馨的呢。也許是一房、一廳、一廚房、一陽台的格局吸引了他，所以即便租金較高，他也覺得可以。但畢竟已經是老舊公寓，樓梯間缺乏打掃，隔音效果比較差，大概過了幾個月，那個女孩就跟我說，

P不繼續住了，我試圖想從女孩那裡探知原因，但並不堅決地想知道，因為於事無補，女孩只有帶著微微的抱歉告訴我，他們要搬走的時間。

這年頭第一次有人拒絕五十吋的大電視，就是來自外國的房客P，給了我極難忘的印象。

房客阿凱

前些日子，房客阿凱急急忙忙地用 LINE 敲我：「房東，我有一件事情想跟你說。」

身為一個房東，當繳付租金非常正常，整體令人放心的房客主動找你，而且是在非繳房租的時間點裡，八成沒什麼好事。硬著頭皮點開手機畫面，一邊在公司廁所小解，一邊看他從手機螢幕裡娓娓道來事情來龍去脈。

二十幾歲的年輕男子阿凱是今年三月簽約的房客代表人，他跟他女友，以及另外一對情侶，還有一隻白色——據他們說很乖的貓，一起住進了我的「望安小宅」。當初他們希望我把我的家具用最快的速度搬走，如今和阿凱合租的朋友也以最快的速度找到了新的套房，然後跟阿凱說要搬走了，阿凱說他根本措手不及，而且不可能一個人付一整層樓一萬八千塊的租金。

當時我工作也正忙得焦頭爛額，想說總是最準時交租金的他們，怎麼突然還租不到一年就要搬走了呢。我安撫焦急慌張的阿凱，假如你月底之前來不及搬走，緩衝個幾天沒問題的。

記得那時候簽完約，阿凱希望我火速把我的書櫃處理掉，並且替他們在陽台裝上一盞陽台燈，還有加裝陽台曬衣架。我從他們的急迫感覺得到和朋友一起入住新家的喜悅，那晚，我從大型賣場買好陽台感應燈，從原本的主人變成了客人，來到昔日住了四年半的公寓，進門時，四個房客跟他們的朋友在音樂聲中慶祝著新居落成，歡樂的氣息洋溢在每一個角落，阿凱正在煎牛排，他的女友招呼我，這畫面如此溫馨以至於我的心情複雜了起來，我從屋主突然間變成訪客，而且還兼水電工。

「房東要不要來一起吃牛排呀。」那個畫面彷彿還在眼前，電視牆上還有

LOVE 四個字呢，如今想起來格外諷刺，前後不過七個月的時間，阿凱就跟那一對情侶拆夥了。據側面打聽，後來這兩對情侶就不再一起出門了，這也不難看出關係生變了，同住一個屋簷下，很多事情便會攤在陽光下，彼此的生活習性、日常習慣，在意的東西慢慢會浮上檯面，例如，有人總是會比較隨意，而有些人愛乾淨，衝突就出現了。

當初同一個屋簷下的麻將聲和歡笑聲就此停歇了。我從阿凱的文字裡理解到他的無奈，可不是嗎？房客總是來來去去，司空見慣，短則一年，就搬了，有些變動性比較高的，就像雲一樣，捉摸不定，也許三個月就說不住了。在商圈裡的房子特別如此，大都會下的時代脈動，讓這些小老百姓也被牽引著。當然，住五年以上的房客，也是有的，住著住著就好像往地底下生根似的。

跟阿凱約好點交，那是一個凡常不過的夜晚，當初簽約入住的興奮不在，一起住的另一對朋友情侶，應該是沒聯絡了。他仔細地告訴我家具的現況，哪一張椅子螺絲鬆了，哪個櫃子五金快掉落了，我一一檢查每個房間電視跟冷氣的狀況，然後結算電費，他從 LV 皮夾裡拿出紙鈔給我，之後說了聲，不好意思。

送走他後，我來到浴室，看到玻璃上，卡了很多很多汙垢，幾乎快遮住了另一側的風景，生命就是如此吧，不斷的累積好的、不好的事物，有時候就會看不見前方，必需花時間清理，才能回復正常狀態。

樓下有機車發動的聲音，阿凱把他朋友遺留下卻忘掉的收納盒，放在腳踏板上，準備拿去丟棄，他的身影隨著機車引擎聲，一起消失在這個短暫居住的寧靜社區裡。

民宿管家V小姐

會被寫成故事，留下深刻記憶的房客們，可能多少都有些強烈的性格，或是帶來了一些衝擊，然而，這些年，還是有很多，甚至可以說多達九成都是優質房客，所謂的優質房客，就是住至少超過一年，有時你還會忘記原來自己還有房東身分，因為他們幾乎不會出什麼狀況，沒有消息，就是好消息。

例如住在二〇三房，替老闆經營民宿的V小姐，特地從台北回台南，到中西區一間知名的文青民宿兼咖啡館工作。那間民宿開始營業時，著實令人驚豔，維持著非常好的老屋格局跟風貌，一樓經營咖啡館，不僅實現理想，又可以賺到錢，和她一邊處理租約，一邊談著她的工作，得到好多珍貴情報和第一手消息。不過營運進入第二年，或許是蜜月期過了，競爭越來越多，暑假大旺季不如前一年，明顯感覺到生意下滑，連咖啡部門的正職都被資遣了，一樓也不再提供餐點，當初提供住宿旅客的服務初衷，終於還是抵擋不住現在的冷清和寂寥。

原因可能也不難探究，她的民宿房間價位其實蠻高的，均價要三千多元，平日也沒有降價太多，猜想可能是投入成本太高，據說整棟老宅買下來時就花了兩千萬，民宿規格的裝修成本恐怕讓投入資金變得非常可觀。抵不過不景氣的老闆，終於肯降價了，不過只有降平日，周末價格最貴的頂樓套房還是要賣四千多呢。這價格在曼谷其實都有無邊際泳池跟健身房了，何況位於中西區的民宿，連隔壁鄰居阿嬤的咳嗽都聽得一清二楚，而窗外，就是台南尋常的老街小巷。

V小姐才剛續租沒多久，就跟我說，她又要回台北工作了，因為台北的薪資收入還是比較高些。所以要提前跟我解約，希望我可以不要扣她押金。

由於這間公寓近兩年房客來來去去實在太頻繁，甚至還有房客彼此交惡，互相吵架來跟我告狀，所以就想把公寓賣了，我坦然地告訴V小姐，希望她可以行個方便讓有興趣的買方看房，因為這四個房間，二〇三可以看到公園，我希望她能配合開門，看房間內部，不扣她押金。而且我不在時，就請仲介帶看，給買方欣賞。

V小姐把房間維持得非常好，裡面也洋溢著民宿的氛圍，圓形的藺草地墊，各種雅致的擺設，乾淨的地板，有種來到IKEA家具陳設空間的錯覺，植栽，生活物件，都擺在適當的所在，陽光灑進來時，感覺心情都平靜下來了。

由於不用整理、打掃和清潔，很快就租給下一個男生了，刊登之後，只隔了兩天，就完成租屋任務，真是幸運。

我與W先生的寶可夢之約

二〇一房的賣點是的「台南市最潮精品套房」，果然吸引到穿著打扮和談吐都有質感的男子W先生，他是我當房東以來非常優質的好房客。

他的年紀與我相仿，都是六年級後段班，小學高年級聽的是小虎隊，國中時聽瑪丹娜，相似的成長背景，所以很好親近，跟他聊天也可以發現，他有一種沉穩的氣質，可能和工作上擔任主管的歷練有關。不過，從他LINE上面使用的小男孩照片不難發現，他已經當爸爸了，這是他與我不同的地方。

W先生因為工作的關係，每周要在台南住幾天，然後離開，原本住在旅館的他，為了省下住宿費用，遂搬進了這間工業風套房，一住就超過兩年。從工業風套房走到他上班的地方，只要十分鐘左右，如果想去威秀影城或百貨公司，五分鐘也能到，不租車的話，附近的生活機能還算完備，走路到火車站也不算太遠。

二〇一房的冷氣，是古老窗型的舊式冷氣，偶爾會故障，有一次我跟他約時間，要請冷氣師傅進去維修，因為時間上難以配合，只住在台南兩三天的他告訴我，可以直接進去沒關係。

有了他的授權，我感到開心，但為了尊重，要進去前一定會再知會他一聲，以免有任何糾紛，因為房東擅自闖入房客房間，是租屋大忌，所以這一點要特別留意。我跟冷氣師傅，小心翼翼走進他的房間，從他房間的擺設，使用的物品，想像他的個性。以男孩子來說，他的房間並不雜亂，那表示，生活也不是一團混亂的狀態，地上有些香水瓶，床組是無印良品系列，此外沒有太多的雜物囤積。

心理學專家說，一個人的房間，常常在無形中展現了內在狀態，靈性學派的看法則是，房間若維持的乾淨整潔，財神才喜歡光顧，財經派的則會說，根據大數據分析，有錢人的房間跟窮人的房間，會是兩種不同的面貌。

後來的後來，W先生不知道從哪裡看到我的臉書，要加我為友，讓我思考了一下，房東和房客，要不要保持一個適當而優雅的距離呢？就像很多人應該不會加老闆或主管的臉書，把自己臉書上的一切攤開在主管面前吧。

經過幾次與W先生的密切互動之後，對當了爸爸卻仍然一派帥氣的他有了更多的認識，便把他加為好友。也忘記如何開始的，有好幾次我去日本旅行，我都會幫他買「Pokemon 寶可夢」，假如有他覺得不錯的，我就幫他買回來，作為他寶貝兒子的禮物。

好幾次在日本渡假，經過 Pokémon Center（寶可夢中心），看見架上琳琅滿目的各種精靈玩偶，或可愛俏皮的皮卡丘，總是會第一時間想起W先生，不論是札幌、東京、大阪，京都或是沖繩，我都會將 Pokémon Center

排入行程中，我甚至會很清楚，位於那條街上的那棟百貨公司的幾樓，京都的會比大阪的人潮少一點，而沖繩的商品會比較少，但是會有穿花襯衫的皮卡丘限定版，我記得總是先把各種精靈的照片拍好，傳給他，然後等他看看他想要買哪一隻給他的寶貝兒子。

雖然這間公寓已經賣了，W先生後來也搬離開工業風套房，我仍然會在某些片刻想起，跟他約在百貨公司樓下，或是租屋處樓下，把寶可夢玩偶給他的回憶，因為W先生是如此支持我的房子，也支持著我的寫作。

公寓賣掉後，我還幫他買了一次，每次，當我在滿滿的寶可夢精靈中間穿梭尋找時，彷彿可以感覺到W的兒子將來看到禮物時的興奮與開心，而身為一個老爸，或許就是從兒子的燦爛笑容中，得到最大的慰藉。

這就是我和W先生的故事。

如果在冬夜，樓上住著神經病

二〇四的凱西小姐昨天 LINE 我，問我知不知道樓上住誰，從搬進來以後，每天都在敲地板。

我說我不知道住誰，而且就我所知，樓上真的敲了很久很久，甚至敲了很多年。因為我也曾經短暫地住過二〇四房，聽過樓上傳來的聲音：摳摳摳，摳摳摳。肯定有人拿著物品敲擊地面，傳到二樓我們這一戶的房間，根據音源傳導，就二〇四聽的最明顯。

雖然不是致命的噪音，可是有意無意的，就出現這樣的聲響：摳摳摳，摳摳摳，真的會引人抓狂。

有幾次我抓住聲響傳出的時間點，迅速走出房間，對著天井，朝著上面破口大罵：你到底是敲夠了沒啊？夠了沒?!

敲擊的聲音會突然停止。

我也試過去問其他鄰居有沒有聽到敲地板的聲音，三樓的說沒有，四樓住的是仲介工作獨身女性，也說沒聽到，那麼，可能就是對面戶的樓上。

等我逮到了敲擊的聲音，三步併作兩步衝到樓上一戶戶敲門、踹門，希望對方應門出來理論，但是沒有任何結果。

很可能，樓上住著一位精神狀況不佳的人。

「那我可以報警嗎？」凱西小姐問我。

「當然可以，你可以先錄音蒐證，直接報警。」

在百貨公司工作的凱西小姐，約莫是一月底搬來的，她搬來之後，就反應樓上敲地板的事，我很想幫她解決，我告訴她我曾在房內聽到敲擊時，馬上衝去天井罵人，因為這樣的行為真的令人生氣。不過，都沒有人敢應門，問過幾次鄰居，也始終沒人承認。

舊公寓如果遇到這種鄰居，也真的不知道該怎麼辦。我只能試圖安慰她，並且讓她知道其實我也很想幫她解決事情，只是解決不了。

還好凱西小姐，沒有什麼太大的反應，可能是我太神經質了吧。而樓上究竟在敲什麼呢，我真的也不了解，舊公寓，除了怕惡鄰居，還怕這種不致命卻令人抓狂的敲打聲。

祝凱西小姐報警成功。

三天三夜的大雨危機

一間房子好不好，最大的照妖鏡就是雨天。假如連續下了三天三夜的大雨，這房子內部還是完好如初，肯定通過考驗。而舊公寓最大的天敵也是下雨，當嘩啦嘩啦的雨下個不停，有時候我不免就會擔心起來。

最近，真的下了很久很久的雨，下到整個城市都非常潮濕，當經常性的傾盆大雨，在晴朗的南部變成日常，漸漸的就會出現問題。

例如排水不及，可能會引起房子滲漏水，有一次颱風天，房客的陽台排水孔被樹葉堵塞，雨水很快就淹高，流進了房間裡，許多物品衣服都泡了水，慘不忍睹。小小的葉子就能夠把傳統平面型的排水孔蓋滿，造成淹水。新型的排水孔是直立式的，樹葉比較難整個阻塞，所以後來我都改用這種，大雨引起的災難瞬間減輕許多。

當我在這樣的雨天，擔心房客到底會不會被這個雨害慘時，房客蔡小姐就真的傳訊息來了。

蔡小姐傳了幾張牆壁微濕的照片，身為房東的你，此時千萬不能「不回應」，無論房客那端傳過來的照片，左看右看上看下都不是什麼太糟糕的情況，都不能「已讀不回」。因為，不回應的冷漠，會讓房東與房客的關係陷入一種不佳的狀態，沒有處理好，房客很容易萌生退意，很快就會找到房子搬走。

假如你把租屋當成事業經營，身為房東的你，就像是一間公司的老闆兼發言人，產品出了一些狀況，消費者上門反映，這時候公司發言人就要代表公司針對意見「回應」，而房東本人，就是自己房東事業的發言人，雖然房東與房客本來就是兩端不對等的關係，不過為了維持一貫良好的租房口碑，當下即時回應與處理，對我而言，是很重要的。

我以十分誠懇的語氣，趕緊回覆她：「今年的雨真的下得太多，導致牆壁含水量比較高，我買一台除濕機給你用好嗎？」

在我的回覆裡，我先「認同」她。認同代表跟她站在同一個位置看事情，當站在同樣的立場說話，自然可以比較容易獲得對方的理解，這也是一種談判常見的手法。我試著跟她解釋，這種下不停的雨，真的不是常態，一般的房子或多或少都會潮濕，只要天氣放晴了，這種情況就會立即改變，就算是全新的建案，誰都禁不起這樣幾天幾夜的大雨，根本就跟日本新海誠電影〈天氣之子〉裡的東京一樣，一直下到天荒地老。

此外，除了以發言人的角度回應之外，最好能夠提出一種「解決方案」，因為當房客抱怨這已經不只一次，且上次她的畫還發霉，能夠有效改善的，就是購買除濕機一途了，而當房東主動願意二話不說的就添購設備給房客，很容易就能夠打動房客的，畢竟一台也要五、六千塊。而身為房東的你，千萬不要不理不睬，一副要租不租隨便你的姿態，能夠化危機為轉機，何不試試呢？

當我釋出善意，房客過了一段時間回覆說：這樣電費可能會很可怕，暫時先不用好了，如有再更嚴重再說。

釋出善意，妥善溝通，不僅化解了危機，也沒有花到半毛錢。

—備忘錄—

如何挑選優質房客

今天回鄉下老家時，看見一個親戚騎著腳踏車經過，突然想起了一些往事。

他很久之前曾經在台南市買過一間房子，但因為始終擔心會遇到不好的房客，所以他的房子就放著，一直沒有出租，就這樣放了十年。

感覺像是一檔曾經買過卻被遺忘而且沒有任何配息的基金，有這樣的想法的人，其實不少，因此他們始終也沒有真正成為房東，沒有收過任何一筆租金，即便他們買了房子。尤其新房子更是如此，怎麼可能自己住在長了壁癌的老透天，而新房子就這樣乖乖拱手給（可能）來路不明或不知底細的人住，他們會不會吸毒？會不會整晚開趴，把房子搞爛了。還有，最可怕的一種想法是，如果收不到租金該怎麼辦？或者，會不會趕不走，跟蟑螂一樣？

會這樣想的人很正常，這些情境裡面我只對新房子租人比較捨不得，但也不是沒有經驗，我第一次買的預售屋，還沒有開箱過，就這樣，眼睜睜讓別人給先睡去了。

不得不說，這些真的是當房東的風險。

萬事萬物都有風險，任何投資也都存在著風險，就看你對風險的承受度，忍耐度如何。買到的房子租不出去，或是賣不掉，正是一種風險。

先談談房客的部分，有沒有一種方法可以過濾掉惡房客呢？電視上總是看到騙租金、押金的惡房東，但現實生活中絕對也有很多惡房客，而如果在當房東的日子裡，都沒遇過半個，那真的是很幸運。

為了杜絕惡房客，有些房東會要求看良民證，真的不誇張，租房子還要先去警察局申請一張沒有任何前科的良民證，或是跟你要一張名片，百般打聽你的底細，有些成大學區的房東則喜歡限「成大學生」，彷彿那是一種保證，有些則限女生，總認為女生比較乖巧，愛乾淨，但事實上並不一定。有些看房子時表現非常乖順得宜的人，簽約後可能完全不是那麼一回事。

那到底，有沒有什麼方法，在短短的帶看過程中，進行判斷呢？其實也是有的。

首先我會看對方準不準時，假如約好時間而沒出現，我是完全不會打給對方的，在我的經驗中，這樣的人其實不在少數，跟你約好看房子卻不來，也不說，你完全不用生氣，直接放生即可，而且就直接在手機中列入黑名單，房子永遠不可以租給這種人。這是**放鳥型房客**，直接送給鴿子園老闆，也是剛剛好而已。

遲到也不先說的人，也不能租，這種人可能就是會拖欠房租，他連準時都做不到，還有可能準時繳房租給你嗎？常常誤點的火車，永遠不會準時進站，這是**遲到型房客**。

有一種房客也是蠻奇妙的，看屋的時候表現的很喜歡，感覺好像會租，來看的幾個人還討論的很熱烈，甚至開始規畫未來，還加了LINE，但是之後再也音訊全無，這種屬於**嘴砲型房客**。

尚有一種**精打細算型房客**，會有筆記本，仔細抄寫每間房子的優缺點和價格，每個房東收的電價一度幾元，水費要不要錢。在他的腦袋裡有一個龐大的比價系統在運作。這種比價精神，可能日後會斤斤計較。

如果看了房子馬上租，當然是好事，但如果馬上把所有家當全部搬進去，相信我，這一定是**亡命天涯型房客**。我就遇過一對情侶，付租金付的相當阿莎力，而且還拿出LV的袋子，開的也是雙B名車，但這樣的經濟能力怎麼會是租市區的小套房，果然很快就被隔壁房客暗示有拉K的跡象。退租時，衣櫃出現了被燻過的痕跡，床墊上也有。

優質房客當然有，準時是最基本的門檻，如果不準時，其餘免談，此外，有份正當的工作，也很重要。可以用很自然的方式詢問對方的工作，聽看看對方怎麼回答。而低價房租的房客問題也會比較多一些，但不是絕對，這些年我發現，較高的租金真的能夠過濾掉一些無法對自我生命掌握的人，能夠負擔較高租金的人，相對上也比較穩定。而我很幸運，能和優質房客們發展出一種穩定的、很像朋友的關係，這些房客租了至少三年，你會省去很多找房客的成本。有時候在你工作很忙的時候，換房客真的是一件讓人很疲倦的事。

如果你的潛意識還是覺得很擔心把房子租出去，那誠心建議你不要走上這條路，因為你可能不太適合，甚至可能不會有好的結果。越擔心什麼，就越

給下一個佛系房東
的 備忘錄

會發生什麼，而且，你可能會收不到房租，而氣死自己。

你準備好當房東了嗎？

輯三

打造佛系房東體質

與其說房客「看」房子，不如說是感受房子。當下進到房間裡的那一刻，就決定了一切。

舊公寓的投資哲學

朋友L問我，投資老公寓這種「產品」，買來放個四、五年，能賺錢就賣掉，這是正確的對嗎？因為有人問他，為何不繼續租人，要把它賣掉。

接近午夜時刻，臉書那頭傳來L的訊息，許久沒有聯絡，L終於順利把高雄出租的老公寓脫手了，但是不知道這決定到底對不對，便來問問我，我是怎麼想的。

「當然正確呀。」我告訴他，因為每年持續有租金收入，假如賣掉有價差更棒。

「我當時大概二百一十萬買的，二百六十萬賣掉。主要是我不住高雄了，而且四房很難管理。」

以舊公寓來說，二百一十萬的成本，價差五十萬，就算扣除了四%服務費十萬左右，以及這幾年的維護成本、持有成本跟貸款利息，這樣的報酬率真的不算差，然後L又問我，賣掉然後再買一間嗎？

「是的，只是，每次買賣也會有成本，以賣方來說，仲介服務費是四%，以成交價五百萬來算就是二十萬服務費。」

「那為什麼不一直持有收租，要不停買賣呢？」

老公寓租了幾年之後，賣掉，第一個主要因素是要換比較有「競爭力」的產品。例如，你可以把郊區的公寓賣掉，換比較市中心，比較靠火車站、大眾運輸，或者屋齡比較新的房子。接近四十年的公寓可以換成二十年的。這樣你便可以再繼續持有一段時間，而不會因為屋齡過度折舊將來不好出售。

「懂了，我那間高雄公寓跟我一樣三十八歲了。」

「我個人的想法是，四十年以上的公寓就不要留了，因為未來會越來越難賣，越難脫手，而且舊公寓一定會隨著屋齡老化而面臨許多問題，所以你賣屋決定是對的。另外，換屋可以帶來更多槓桿倍數的產品，舉例來說，我三年前只拿五十五萬買的公寓總價是二百六十三萬，當我賣四百六十三萬，扣除剩餘的房貸，可以拿回三百萬，這樣我可以去換成八百萬的房子，而我表面上並沒有拿更多錢出來，但是經過換屋，結果大大不同，我一年的租金從二十七萬可以拉到四十五萬，那你覺得要不要換屋？最有趣的事，就是從頭到尾都只有拿五十五萬現金，然後我把房子租了幾年之後，把原本的二百六十三萬公寓換成了八百萬左右的房子，當然，我有新增貸款的部分，可是實際上新增的房貸未來還是由房客繳付。

在這個換屋計畫下，我從一開始出資五十五萬之後，開始收租，每年約收二十七萬，按公寓現值可能可以從四百六十萬左右換成八百萬的房子，變成年收四十五萬。

你可能會好奇，我怎麼有把握可以賣到四百六十三萬，或是四百六十三萬這個數字是怎麼推算出來的。我是用年報酬率下去算的，一年收二十七萬，一年的租金報酬率約五・八％左右，逆推就是四百六十三萬。而八百萬的房子，一年收租四十五萬，則是五・六％左右，在目前的市場行情，是非常有機會用八百萬買到五・六％收租效益，或賣出使買方有五・八％效益的。

搬到台北工作的L說，這一年遇到一直拖欠房租的房客，覺得心很煩很累。問他，那最後都有繳嗎？L說有，但房客的個性就是流氓耍賴，而且還吃檳榔亂吐。

「當初帶看的時候有發現嗎？」

L說他當時忙著工作上的事，根本沒心情篩選。

L最後又問，還能繼續投資南部的房子嗎？因為他覺得小港的房價一直起不來。

「當然可以。」

成事在人啊，日本的飯店都夠多了APA Hotel還在開，「APA帝國」的版圖還在不斷地擴大中。而高雄的問題我覺得是供給太多，新房子太多了，一直蓋。

「所以我保留巨蛋那間就好。巨蛋那邊不用擔心，可以放到老。」

很好啊，汰弱留強，跟股票一樣。

「現在台北你敢介入嗎？」

「台北不能，報酬率太低了啦，台北人都下來台南買民宿了。」

房東心法

1. 許多人並不愛舊公寓，既沒電梯又老舊，而且也不知道會碰上什麼樣的鄰居，有些舊公寓樓梯間也缺乏管理，家家戶戶在外面堆滿了雜物，要就買新房子，最好有電梯，或是透天厝。相對於新屋，舊公寓的入手門檻較低，先求有，將來再換屋，是一種長期投資計畫。

2. 買房出租，將會遇到種種房客，各式各樣的鄰居，必須有良好的溝通能力跟管理技巧，才能在當房東的路上順利完成任務。

3. 如果能買到市價六折的房子，然後在行情價賣出，獲利機會大增，但這取決於你是否夠幸運，以及有足夠的仲介人脈願意第一個告訴你，更重要的是你手邊隨時要有足夠的現金、好的信用條件，才有籌碼與屋主談判，順利取得房子。

租金的定價策略

該如何訂定每個房間的租金，一個房間最高可以租到多少錢，最低多少錢才租得掉，我想這是許多房東的課題。

低價的好處就是會有很多人來看屋，當你刊登上 591 之後，很快就會有響不停的電話，除了你必須安排時間一一帶看，也要在這些以低價為主要訴求的房客族群中找到一個優質房客。

低價房客的風險除了之前說的可能收入較低，是社會中變動性較大的族群，有些低薪工作可能隨時就被取代，會有常常換工作的風險，這些不以品質為取向、價格敏感的族群，恐怕很難擁有較多支配上的自由。

不過低價的好處有兩個，第一個是，相對於高價房租，你可能空房的間隔比較短，也許三五天，就有新房客遷入，如果訂比較高的房價，打電話來的比較少，可能會拉長到半個月才租出去，而晚越久，你少收的租金就越多，拖一個月才租出去，等於少收了一個月，而就算你定的比較高價，可是少收一個月，一整年下來整體並沒有收得比較多。

低價的另一個好處是，也許房客住習慣之後不會搬走，至少住個兩年，當這兩年你都不用換房客，不用找新人，無形中也節省了一些成本。

另外，多少才是低價呢？可以計算房租占當地的平均薪資所得之比例，並以學區附近學生套房的價位作為基準。通常學區套房，學生都能負擔的起，還沒有開始賺錢的他們，多半由家長協助負擔，以台南來講，五千元是很常見的價位，而仔細尋找，四千五百元，也是能找到套房。五千塊到六千塊，則是高度競爭的價格帶，六千五百以上就對許多在台南生活與工作的人不便宜了，根據我的觀察，有電梯，有陽台，屋齡新的，有室內停車空間的，可達八千元，八千以上就是豪華套房了。而有社區管理的大樓，約莫要一萬元以上，價格再往上就大概是二個房間以上的格局了。

要在競爭的價格帶上被房客看中，可能房間要有質感，地點機能方便，七千塊以上，就到達「講究品味」的階段了，想租七千塊以上房間的人，他們不太想要「將就」，也是不太願意妥協於醜陋生活空間的人。

我自己的經驗是，如果你刊登了591，一個星期都沒有任何一通電話，那就是訂得太貴了，我想房東都是想把房間租出去的吧，那麼，當房東的也是要妥協的，降價吧，降個兩百到三百元，觀察看看，如果有人來電了，這個價格就是市場能夠接受的。

剛剛談到的房價八千塊，其實已經逼近許多人薪資的四分之一了，對於收入較高的族群來說，你要他每個月付一萬塊的租金，也許他就不如牙一咬，乾脆自己買房子了。因此租金的甜蜜點，再往上，就是更難挑戰的族群了，他們除了可能自己購屋自住之外，也許有一天，也會進階成為房東呢。

請問您貴姓

把房間整理好之後，發布到租屋網上，經過了早上的冥想，看房的電話就一直打進來了。

通常對方會問可以看房子的時間，訂好時間之後，我就會問對方姓氏。我姓楊，我姓林，我姓王，然後掛完電話，我便會在手機上用他的電話輸入資料，例如楊小姐星期二 13:00 看屋，林先生星期一 18:00 看屋。因為電話一多，有時候你根本搞不清楚誰是誰，看完之後又來電確認時，也能免去猜測，這倒底是哪一對情侶的電話啊？這樣的事情不會發生。

而問對方的姓氏有個好處，約好時間在房子樓下時，很容易就可以確認，請問是王同學嗎？

與其說房客「看」房子，不如說是感受房子。比如說我最近剛剛買了全新的桌子、椅子跟電視櫃，但是我發現絲毫沒有一組房客有看超過一秒，他們視線停留比較久的，多半是廁所，然後看一下陽台。

當下進到房間裡的那一刻，就決定了一切。說科學一點，是一種綜合的評估考量，講的玄一點，跟這個房間的磁場合不合，會不會想住，其實當下就知道了。

今天一共帶了兩組房客，都是情侶檔。都想住在一起，一個散發學生氣息，一個是職業軍人。

原本這個房間要租七千元，但刊登一個星期都沒人打電話來，降到六千八百元之後，有三組房客打來，都是兩個人要一起住的，可見大家真的非常慎重考慮每個月的房租會占掉月薪多大比例。

最後楊小姐在隔天來電，表明要租下這間房子，距離刊登日起，前前後後花了八天。

房東心法

適時的調整房租，寧願早一點租出去，也不要貪圖高租金而空的更久。有時候降個兩百元就會很有效果了。

不要聽媽媽的話

周杰倫剛出道的時候有一首歌，叫做〈聽媽媽的話〉，由周董自己填詞，頗有自傳的味道。歌詞寫著「為什麼要聽媽媽的話，長大後你就會開始懂了這段話」。在投資房地產的路上，到底要不要聽媽媽的話？

假如媽媽不是那種經常上電視的理財專家，也不是理財雜誌裡常常出現的基金教母、房地產達人、包租婆、或是金融財務科系畢業的「專家」，我覺得，不要隨便聽媽媽的話。

以我自己的案例，假如我的第一次投資，聽媽媽的話，不要買房子，那我今天可能也跟多數的受僱職員一樣，餓不死，但也富不了，只能在有限的資金內生活，甚至想要多出國幾次或買個東西犒賞自己便顯得有點拮据。

媽媽不見得都是對的，因為媽媽多半是比較保守的，她所具有的經驗或許也是有限的，而她所接觸到的財經資訊，也可能比年輕一輩的更少。當然，媽媽總是害怕兒子（或是自己）犯錯，因此，在你面臨人生重要的房地產投資決策時，媽媽的阻止，其實是不難理解的，從出發點來說，害怕冒險，害怕失敗的想法，是很正常的。

當你需要去諮詢父母，就代表你沒有把握，需要多一點人支持，但是身為父母的，知道孩子要去冒那麼大的險，第一個感覺一定是害怕。當然啦，也是有對房地產投資非常精準，有想法，有遠見的媽媽，但是這總是少數中的少數。所以如果你自己能夠承擔你的投資成敗，能負擔得起房地產投資的風險，那麼，只要「告知」就好了。

聽聞過一個悲慘的案例，某男子在幾年前希望買下板橋某間公寓作為投資，但是母親反對。結果幾年之後，那間公寓漲了幾百萬。你想想看，這樣的結果，誰能負責呢？想必那對母子日後只要想到這件事情，就會感到生氣與懊惱吧。也能想像媽媽的回應：我怎麼知道會漲這麼多？或是，你幹嘛問我。

每一個投資決策，背後所要依據的，除了「經驗」，對都市計畫未來的掌握，國內經濟局勢的判斷、風險負荷能力、貸款利率、自備款、資金運用額度、投資規畫等等，都是綜合考量因素。因為誰也不知道，當韓國瑜當選高雄市長之後，高雄豪宅又漲了一波，身邊的好朋友就因此把多年前買進的豪宅順勢脫手了，瞬間賺進了數百萬的價差，更不用說這投資六年來的每年租金收益呢。

當你越能掌握風險，你做的決定越不會出錯，自然就只需要告知媽媽就好。除非你的自備款要仰賴爸媽，那爸媽的話，也不能不聽了。

給下一個佛系房東
的 備忘錄

房東心法

1. 每個月貸款金額占收入的比例不能犧牲掉所有的生活品質，每個月收租的年報酬率，這些能夠「計算」的實際數字，有助於你的投資決策。

2. 坊間也有教人家看屋買屋的「老師」，或許你也可以付費去上課，學習專業知識。

3. 因政府目前的稅制不利於短期買賣，因此每一間所買的房子都要有持有三到五年的心理準備。

一塊錢都不給殺：創造房間的價值

那年，因為某天醒來，想要實現自己的民宿夢想，所以就在房客合約結束後收回房子，著手裝修成自己想要的樣子。而這一天，真的是想很久很久了，而且這間公寓購入也很多年了，著實也到了一個可以稍微裝潢的地步，或許能夠拉高租金，索性，就行動了。

尤其那時候台南開始很多優質民宿問世，許多人以台南作為國內輕旅行的首選，讓我也想大試身手。想要看看自己在裝修風格上，到底有沒有才氣，到底有什麼能耐，把心裡的設計想法付諸實現，這個過程雖然有點痛苦，因為必須跟工班來來回回商量，經驗不夠的我，還要邊做邊修正，同時請教師傅，有時候不知道師傅會怎麼做，上班的時候也上得不安穩，下班後趕緊過去監工，即便如此，這個圓夢的過程我非常享受。

我的老公寓地點還行，離台南火車站走路約十二分鐘，公寓就位於中西區的巷子裡，窗外，可以看到公園。十年前，就是因為房間窗戶打開能夠看見公園，才匆匆忙忙像撿到寶一樣的趕緊買下它。

二〇一房，是裝修的三個房間裡面，條件最差的，因為它沒有窗外的公園景（park view），面對的是一條市區的無尾巷，硬要說優點的話，就是它是全部房間中唯一擁有私人大陽台和落地窗，對於東西多的人，可以堆放物件，有抽菸的人，可以走到陽台去，如此而已。然後陽台外面包著大約已經三十年的鐵窗，窗外看出去，面對的是商家的巨大冷氣機，轟轟轟不停地的運轉著，約莫要等到夜深，才會安靜下來，所以白天只要待在房間，幾乎都可以聽到冷氣機運轉的聲音。

此外，二〇一的廁所非常小，裝修時，我一度想要把廁所加大，但工班不建議如此，因為改動牆面畢竟比較耗費心神，拆除之後還要重新砌牆，可能管線也要重配，所以格局我就沒再動它。當然也有可能工班覺得麻煩吧。所以，我只好在風格上，做一點突破，並試圖「強烈」一點：牆面選擇灰色，窗簾採用直條紋的馬卡龍色系（我記得窗簾店是這樣命名的），地板是採用木質地板，把傳統的地磚遮住。主牆面則是世界地圖，掛兩盞工業風的黑色吊燈，再加上一張白色的塑膠椅，和一個小桌。營造出民宿風格。

廁所則是選進口工業風褐色紋路的磁磚，浴室的門，通常會留一個透光小窗，不過因為沒溝通好，送來的時候是透明的，超級傻眼，因為這樣就可以看透裡面。也好，將錯就錯，情侶入住可以欣賞對方洗澡，增添一番情趣。

改裝之後，條件最不好的二〇一房，招租時竟然是最受歡迎的，比有公園景的那兩間二〇三、二〇四還要受到好評，許多朋友都覺得我有室內裝修設計的天分，事實上，我也是邊做邊學，電視上也有很多改造的精采案例，這幾年，我真的是在這個領域找到了成就感和樂趣。

由於在長租的市場裡，民宿風格的套房還算是很少，因此我放到租屋網上時，下了非常囂張的主標題：台南市地表最潮精品套房。而且價格開在八千五百元，試想，一間三十幾年的老公寓，竟然敢開出這樣的高價位，而且還順利的租出去，真的要感謝市場給我的肯定。因為如果都沒有人打電話來，代表你的租金太貴了，市場不太能夠接受。

而且這一間房間自從問世以來，一直以來都租非常高的價位，一塊錢都不給殺。或許，就是獨特性吧，回到家，就像度假。是我給這個房間的定義，而一間房間的價值，是有可能憑空創造出來的，可不是嗎？也許這個案例，可以提供想當房東的你，一些靈感。

打造佛系房東體質

在這個低利率的環境下，有閒暇資金的人，有些會選擇投資房地產，買屋租人，朋友丹迪就是一個非常特殊的例子，因為從來沒有聽他說過這方面的事，臉書上也從不分享，成天都在注意便宜 Bug 機票、飯店訂房網的折扣碼，用很低很低的成本到處玩樂。

他就是一個我們容易理解的工程師，薪資水平很高，因為很早就進入科技產業，也爬到了一個蠻不錯的位置，日子過得舒服愜意。

有一次，跟丹迪聊天才知道，他也有房子收租，真的是嚇了我一跳，他完全不像啊，而且從來不曾聽他說過有關當房東的任何鳥事，或好事。

也就是他讓我理解，一樣米養百樣房東，親力親為的房東也有，像他這樣的佛系房東也不少。

就像我第一次買房子時，遇到的賣方，擁有超大棟的學生套房宿舍，一年租金可以收到一百八十萬，這種規模的學生宿舍，租客是遇不到房東的，因為真正的房東正在家裡喝著紅酒，只要等「團隊」回報即可。團隊除了有全職的管理員、水電工班、算電費、帶看、簽約，這種小事雜事從來就不用房東親自出面，全部授權給自己的團隊，有需要下決策時，出一張嘴，下個命令，做個決定就行了。

丹迪也是另一種佛系房東，他說，他的時間是非常珍貴，用來享受人生的，所以他不願為了多賺一點錢而去「服務」房客，或處理租屋瑣事，他的方式是找到一個適合的房客，用減少租金的方式，授權他搞定一切，因此他從來都不用煩心，自然，就從來不曾聽他講過房子的事。他的時間都用來找機票和便宜飯店。

這個方法我倒是從來沒有試過，也許是我的掌控欲太強，也許當房東是一種專屬於我的「刷存在感」的方式，因此這十五年來從來不假他人，所有大大小小的事情都靠自己的雙手處理一切，除了裝修時，必須委託工班，刷油漆我會找朋友幫忙之外，我真的是在服務房客，並且在合理的範圍內，追求盡善盡美。

假如你是住外地的房東，有些人會委託像林媽媽、劉媽媽這種知名的租屋公司，丹迪這種委託房客的方式也許可以一試，不過前提是，這位房客是你可以信得過的，那麼可能每個月都會有人幫你打掃房子。

一般情況下，有的房東也是怕麻煩，比如說年紀越大的房東越有這種心理因素，覺得經常要處理瑣事而感到麻煩，這時候專業的租屋公司業務就可以幫上你的忙，你只要付一些費用，就可以當佛系房東，從住進來到退租搬走，完全不用看到房客長什麼樣子。

給下一個佛系房東的 備忘錄

全權授權交給仲介還有一個好處是，像劉媽媽租屋那種公司，有強大的租客資源，仲介也很有經驗能幫你挑到好房客，作為佛系房東就是分一點給別人賺，有人替你服務到好。但如果還能夠吃苦，延後安逸享樂，那麼親自管理，也許會更有心得。

如果不降租金，我就搬走

今晚在健身房運動時，遇到了三十幾歲的朋友阿康，他說他的房客租期快到了，最近跟他談續約條件，因為新冠病毒肺炎疫情的關係，希望他把兩萬六千元的房租降到兩萬，不然七月合約結束就要搬走。阿康詢問我的意見。

「你回覆他了嗎？」

「還沒。」

是啊，自二〇二〇年初以來，新冠病毒肺炎疫情持續在各國擴散，衝擊人類社會各種生活面向，許多國家紛紛實施邊境管制，國內也因應疫情而有許多限制，致使許多產業受到影響，無薪假、減薪、裁員，讓許多人的生計都受到影響，而各種少見的飯店促銷不斷放送，許多受影響的企業、公司也都努力應變，例如航空業高層減薪，旅行社尋求轉型，原本互相競爭的飯店也彼此攜手合作，例如老爺、雲朗、凱撒三大飯店集團首度合作，共發出一億元旅遊金，力挺台灣觀光走過疫情難關，然後還有酒店的 Buffet 出現了罕見的外帶四九九價格，然後上市公司寶成工業也因為製鞋銷售受了影響，裁員四千人，消息震驚社會……

前陣子在臉書上看過有人分享一則佛心房東傳給所有房客的 LINE 截圖，內容是房東跟所有的住戶說，為了共體時艱，所以大家房租就免繳了，不知道消息是真是假，但阿康很認真地到處問了其他的朋友，有沒有人真的因為疫情關係，跟房東要求降房租的，阿康的朋友說都沒有啊。但是他的房客說，因為央行降息，所以房貸有變少，而且他們的收入來源受了影響，所以希望房東能降到兩萬，否則租約到期，他們就準備搬家了。

真的是一位狠角色的房客。因為他有三個談判的條件，分別是疫情，租約到期要搬走，以及央行降息，因為言之有理，所以阿康陷入苦惱已經好幾天了。

「那你想不想留住他？」我問。

「想啊。」

那你就降吧。既然他都開這樣的口了，假如沒有談到滿意的價格，顯然是會搬的。

「可是你知道一次降六仟，一年就是七萬二千耶，我的房子是全新的，而且當初裡面的家電買得那麼好，冷氣還是大金的，洗衣機也買很好的。而且我自己的工作，薪水也受到了影響，我要找誰紓困啊。」

「其實家具、家電可以買好的，但是真的不用買到最頂級，因為你不知道房客到底會不會珍惜，而且你的房客會一直換人。」

我建議阿康把房租降到兩萬三千，把問題丟回去給房客決定，同時我建議阿康不要傳 LINE，因為 LINE 實在太冰冷了。而且，談這個價格的時候，也要提出自己的條件。

「我覺得真的太扯了，她先生有正當工作，自己則是開店，真的有受到疫情影響？」

不管有沒有受到影響，他還是提出了他的訴求，你要盤算的是，你如果放走他，你用兩萬六千元去租新的房客，要花多久的時間，才可以把房間租出去，而且你的房子現在已經有人住過了，不像當初剛裝潢好，全部的家具家電，床組，都是新的，房客搬走了，你還要整理一下，油漆，打掃什麼的。最好的做法，就是你降價，然後跟他簽兩年的合約，他跟你談判，你也可以適當開出你的條件。

「兩年太短了啦！」

對一個租客來講，真的沒有辦法跟你保證三年這麼久的時間。我跟阿康分析著。

「那租約到了，我可以漲回兩萬六千嗎？」

當然不能啊！我還跟阿康說，你到時候為了要租到兩萬六千，你可能還要花上一段時間，因為你的房子已經不那麼新了，而且所有設備到時候已經是二手的，這些尋找房客的時間其實都是一種成本，最好的租約，就是找到一個好的房客，然後他固定都不搬走。

「那我到底要不要先努力多還房貸？」

「要看你的規畫，如果你是要長期持有，我會建議先早點還清，四百萬的貸款，二十年下來的利息其實蠻可觀的。」

阿康每月的房貸金額是兩萬元，拿租金去繳房貸還有剩，假如降到兩萬三千，那就只剩三千元了。

給下一個佛系房東的 備忘錄

「早知道就不要跟你聊天了，害我要想更多了。」

臨走前，我跟阿康說，不妨考慮一下我的建議。

房東心法

1. 重要的事建議用打電話的，就算只是彼此聽到對方的聲音，也容易觸動情感，談成彼此想要的結果的機會會提升。
2. 房客談條件降租，房東也可以談租更久的條件。
3. 房客有任何議題，一定要「回應」。
4. 如果想要留住房客，也要釋出善意，因為優質房客，可遇不可求。
5. 貸款總額二十年本息攤還的總繳利息，可以下載app「聰明貸款」計算，以四百萬為例，利率一．四％下去計算，二十年的總繳金額是四百六十七萬六千六百四十，總繳利息就是六十七萬六千六百四十元。

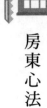

—備忘錄—

房東日常

1 成為那位點燈的人

舊公寓多半沒有管委會，所以樓梯間的燈泡故障常常沒人修理。今天我和朋友C，不約而同去幫公寓壞掉的燈泡進行更換。

我的後站公寓一樓的兩處燈泡壞了已有幾個月之久，住在這裡的六戶住家，完全沒有人要換，就連一樓天花板的那盞日光燈管，也不知道壞了多久。但是天花板實在太高，沒辦法處理，只能眼睜睜讓這裡一直沉浸在黑暗之中。

據網友們說，越大都市的地方，越沒有人要去換燈泡，甚至有整棟樓梯間燈泡都壞掉的，每個晚上都要摸黑回家，真是太離奇，如果說每戶人家都是租客也就算了，但是住家就不同了，那不是自己的家嗎？怎麼也無動於衷，一顆燈泡也沒多少錢。或許有一種心態是這樣的：我才不會去換呢，因為這樣豈不是讓大知道，總是會有人來換的，看誰能撐得久，反正轉個彎，到二樓，就有光線了，路還是能走的，只是門口比較暗而已。

我的中西區二樓公寓，還沒賣掉前，我也常常是那個換燈的人，我真的很佩服大家能忍受黑暗，允許門壞掉，鎖壞掉，「反正二樓那個屋主，把房子租人家，一定會來處理的吧？」所以我們這些投資客，就只好乖乖去換燈了。

我，總是那個點燈的人。

我也願意成為點燈的人。

2 敦親睦鄰之必要

鄰居，其實是投資房地產很重要的影響因素。

但這個現代社會，很多人其實已經不太跟鄰居打交道了，每天上班、上學，回家，關上門，就回到自己的世界裡，完全可以不跟其他鄰居來往，也無所謂。不過，如果你打算投資房地產，鄰居除了是情報來源，很可能也是這間房子投資是否成功的因素之一。因此，跟鄰居維持好的互動關係，整體來說是比較健康的。

舉個例，最近房客希望我提供滅火器，以便不時之需，由於舊公寓總是沒有管理員，收東西不方便，因此我便先去拜訪住在一樓的鄰居阿婆，跟她說，假如我無法及時趕到，請她代為收件。

見面三分情，假如身為房東的你，每次來抄電表，收水電帳單，也都跟鄰居寒暄兩句，或許鄰居就願意幫你這個忙，當然，如果逢年過節，偶爾一個小心意，更好。在良好的互動下，整棟公寓大樓的許多情報，她也許就會慢慢告訴你了，甚至你的房客的許多祕密，誰都會下來抽菸，誰都半夜還在進出，誰都攜伴回來過夜，很快的你就會了然於心，也有助於讓你決定要不要繼續租約關係。

3 經營房客 LINE 群組

一般來說，房東比較忙的時候，在於有人搬走，你需要重新打理一下房間，刊登租屋資訊，然後進行煩人的帶看過程，等待房子租出去，完成簽約。此外，偶爾前來打掃一下，每個月例行性的工作就是前往租屋處，拍下電表，計算每個房間使用電度，算出電費，然後在房客的 LINE 群組中公布本月電表照片，及每個人的電費。其他如果有設備故障或突發狀況，如冷氣不冷、排水孔阻塞、蓮蓬頭斷掉、電視沒訊號、網路速度太慢、搞丟鑰匙、被鎖在門外、颱風淹水、隔壁太吵，否則，你偶爾還可以忘記你還是個房東呢。

整戶出租，那更輕鬆了，水費固定用信用卡扣款，電費就由房客收到帳單自行處理，連每月去拍電表都免了，其他，就可以等到租約結束再聯絡了。

輯四

創造自己的強運

只要你有夠強大的意志力，你才有可能存下錢，因為這個世界誘惑實在太多了。

林森路迷航記

今天下班就趕緊去看了一間成大附近的舊公寓，開價每坪十萬左右，照片上看起來採光還不錯，所以就帶著期待的心情前往，但是依照仲介提供的地址輸入 Google Map 導航，竟然迷路了，這心情豈能只用複雜兩個字帶過。

事情是這樣的，前天在上廁所時打開租屋網，看看最近有沒有什麼新鮮的物件，設定台南市東區，價位在兩百萬至四百萬區間，結果跳出了一間開價三百五十八萬的五樓公寓，加上頂樓加蓋，一共隔成九間套房。這可是非常令人雀躍的物件，但隔天馬上要去台北出差，等到出差回來，再請熟識的仲介幫我詢問，結果實在令人震驚：賣掉了。

我算是很常打開 591 跟各家房屋仲介的 app，才沒幾天，竟然秒賣，害我一度做著我的美夢，等這間房子買起來，稍微布置裝修一下，用最低的行情去租，一間五千元，九個房間每個月也有四萬五千元進帳，一年則是五十四萬，換算投報率，高達十五％（五十四萬／三五八萬），而且這還是議價前的報酬率，殺價成交之後，或許高達十八％也說不定。只是真的晚了一步，雖然說現在舊公寓的去化速度較慢，但還是有這種黃金物件可以撿，而且買盤一直都在。

我請仲介打給我，並且要他來林森路上主要巷口的公園旁邊帶我，因為這一帶很多國宅，而且巷子非常繚繞，透過地址真的很難找，不僅有巷還有弄，弄裡面還有數字。我想，這種連 Uber Eats 送餐都會迷路的房子，當你成為房東時，光是約帶看就會帶來許多困擾，所以，假如這個地址不太容易找，可以直接過濾掉，哪怕它賣得不貴。因為我們買房子怕的不是貴，是怕地點不夠好，不夠明確，環境不夠動人。

跟隨仲介的腳步來到四樓，啊，真的好久沒有爬樓梯了，雖然只是接近六點，仲介就已經要打開手電筒了。進入房子後，雖然坪數有三十六坪，共有一個套房三個雅房，但有壁癌問題，房子的所在地也是一個很奇怪的巷道的尾端。

看完房子後，準備下樓，有個老太太在那邊等著我們，她問說我們是來看房子的嗎，這房子有很嚴重的漏水壁癌喔，屋主很多事情都不處理……什麼什麼的。

瞬間就明白，這鄰居不太想讓這戶房子順利賣出去，曾有朋友的透天厝想賣，每次仲介帶看，鄰居就出來叫囂，因為那個鄰居在朋友的透天裝修期間有東西損壞，硬是怪到朋友裝修導致要朋友賠償，朋友當然對這種無理的要求不予理會，結局就是，每次仲介來帶看，鄰居就出來鬧，買方看到這種鄰居，誰敢買，因此鄰居的計畫就成功了，後來順利地跟朋友索討了一筆錢。

那老太太無疑是這棟房子的情報中心，我看仲介的臉色變得很難看，她說了那麼多，尤其是漏水的情況，恐怕是賣不成了，雖然我本來就因為找不到明確地點而興趣缺缺。老太太說這年雨下得太慘烈了，她房子的牆面全部都是壁癌，只要外面下大雨，裡面就下小雨，之前有音樂系學生房客還因此損壞了電子琴，但這一戶的房東並不理會。

我笑笑跟她說，你趕快去買一間新房子住啦。然後就結束了今天的看屋行程。

啊，從最近的開價情況來看，這些屋主似乎真心想賣了，因為價格比較合理了，我猜想，是不是這些屋主要脫手去買新房子呢，有電梯，也有華麗的大廳，每天回家都是愉快的小旅程，我不知道，但是我確定，沒事滑滑房仲業者的app軟體，還是有可能在某個幸運的時刻裡，遇見急著要拿回大筆現金的屋主，用超誇張的低價拋售，那時，就真的離爽收租金的佛系房東退休夢，又更近了一些。

投資合法民宿會太晚嗎？

古都台南走在時代趨勢尖端，於一〇五年九月二十二日公告指定安平及中西區為觀光地區，俗稱古都雙城區，只要是建物位於安平區及中西區，在法定公告的範圍內就有機會可以申請合法民宿，因此只要你隨意走在中西區的巷子裡，不難發現一戶又一戶的合法民宿牌子放在門口。

最近看了兩間位於中西區的透天厝，一間位於赤崁樓附近的巷子裡，裡面牆壁還留著藝妓圖像磁磚，非常有古早味，一進門先是撞見了神明桌，趕緊低頭說聲抱歉，然後隨著仲介的指引來到漏水的二樓，這間賣得不貴，六百多萬左右，但是後側採光不佳，且有多處漏水，看過去應該是荒廢很久了，都沒有人住，濃濃的霉味撲鼻而來，想必要買這樣的房子要有極大的勇氣。

總價低是優勢，但是建物如何規畫成民宿，這才是關鍵，它能改成幾個房間，好改嗎？保留成舊的樣貌嗎？要砸多少錢？

走出房子，遇到鄰居，遂問了他，邊間那間民宿生意好不好，鄰居說，生意不錯呀，房子也改得不錯，聽說是台北人下來買的，隔壁那間也買下來了，正在整理。

邊間的確充滿優勢，因為採光一定比夾在中間的房子好太多，只要有採光，必然是有開窗，那就不太會有霉味了。

這間並不考慮的點是，採光不佳，位於無尾巷的最裡面，鄰居談話的聲音可能都聽得到，而且房子本身沒有太多老宅的特殊性和故事性，難發展成有特色的住宿空間（指標當然是謝宅），唯一的優點就是走出來即赤崁樓了吧，如果有龐大的資金，砸錢也許可以煥然一新，但是目前只有兩個房間，作為民宿真的房間數不夠多，弄了一棟透天，結果可能不及一間四房公寓的投資效益。

之後，又隨著仲介來到另一間漆成白色的夢幻透天，位於衛民街的巷子裡，離萬昌街商圈、北門路、青年路、民族路都不遠，房子本身已經翻修，廁所美輪美奐，也有開窗，但是，一個樓層兩個房間都是雅房，若不再改格局，直接買家具軟件內裝，只能做背包床位的青年旅社，但是現在做背包床位真的是價格非常的低，連 UIJ 友愛街旅館，都切入了床位市場，一個晚上也才七百五十元，查了官網，兩個人一起訂還可以打九折，真的頗具競爭力，一般的民宿背包客棧在硬體空間上根本很難有中型觀光旅館那樣的環境。我自己曾住過一次，親身體驗。除非，你要殺價競爭，也是可以，走低價市場，但是眼前這間可申請民宿的白色透天，開價一千一百八十萬，就算給你殺成功，一千萬成交共四個房間，規畫成前面大房間八床，後面小間一大床，每床六百元，滿住的情況下，一個樓層整棟一天是一萬兩千元，三十天以十天全滿計算，十二萬，扣除營運成本算四萬，淨利八萬，一年則是九十六萬。以一千萬購入價，加上八十萬的內裝軟件及微裝修工程二十萬，這樣算起來有年報酬率八．七％，但是沒有算的是，一個樓層住十個人，只有一套廁所，洗澡要等多久呢？由於也是無尾巷，車子很難停，來玩的人基本上都是租機車的，門口頂多只能停兩台，如何解決停車問題，可能是經營民宿要先考慮的。

這間不考慮的點是，總價太高，總投資金額太高，床位利潤低，接單成本高，要面對太多客人，外面沒地方停車，會造成旅客不便。

現在投資合法民宿會太晚嗎？目前台南的國旅還算熱門，價格不要太貴，地點離古蹟景點不要太遠，民宿本身有特色和故事，能經營出自己的口碑，應該不會太晚。

房子賣不掉怎麼辦？

作家劉黎兒的專欄文章〈房子賣不掉，怎麼辦？〉，談的是日本房地產，業界專家都斷言說「買房就是淪為下流老人的第一步」，日本沒有任何利多因素，房價絕不會上漲，最可怕的是想賣根本沒人買，也沒人租。而且二〇一三年的調查結果，日本每七戶就有一戶空屋，多達八百二十萬戶，現在至少一千萬戶空屋，年輕人開始信仰租賃主義。

日本的情況會是未來的台灣嗎？

台灣這十幾年來，許多人因房地產而致富，仍然信仰房地產致富神話。不過，買房越來越難，總價、交易稅、持有稅金越來越高，十分不利。

昨天和兩個二十五歲年紀上下的朋友聊天，就有著截然不同的生活情境，一位是還在還學貸，目前還沒有辦法好好存一筆錢來投資，更不用說買房，連出國的欲望都要忍下來，另一位剛工作兩年，便貸款買下永康大橋的預售屋，六百多萬，預計明年完工，他說為了買房都省吃儉用，但能住在自己買的房子是一件多麼爽的事情啊。

我的老天爺，才二十五歲就有買房頭腦，比我當年整整小了兩歲啊。

早上一位朋友問我，到底現在還能不能買房？

我說低總價，高報酬率，地點好的，就可以買。

我還跟朋友說，如果房子買來改裝租出兩年，賣掉後可以賺五十萬，不好嗎？股票跟基金兩年可以賺五十萬嗎？選錯股可能賠五十萬呢。

「可是賣掉時的房地合一稅呢？」

「兩年收的租金剛好去繳房地合一稅啊！」

我還是信仰房地產致富神話，只是物件越來越難尋，一旦看到，動作就要快，隨時都要準備好，因為跟你有一樣想法的人也在這個市場裡，只是你不知道他們在哪裡而已。

前面那段文字的背景是在二〇一四年左右，二〇一四年正好是台灣房市的一波高點，在那之後雖然房價有些修正，但還沒有大跌，反而台南、高雄還慢慢補漲，觀察台南，新屋價格看回不回，舊公寓價格也攀至高峰，只是成交期拉的比較長，民宿類的老屋產品價格好，去化快，其他的自住房如果開的不誇張，很快就可以成交，開在天上的價格就要等，只要你留意租屋網站，可以看到待售物件開價下修的情況。

那房子如果真的賣不掉怎麼辦？

問這個問題，我會假設，自己要住的房子之外還有多的可以賣，邏輯上應該是如此，不然自己住的房子賣掉要住哪兒呢？假如是收租型的房子，我會傾向一直收租，除非買到那種不好租，地點不理想的房子，否則只要發現待租時間變長，可能出現更多競爭對手，那不妨考慮降個價，回收越多資金越好，怎麼樣都比存在銀行裡好。

博物館第一排

因為家人住院，有一陣子經常需要前往安南醫院，往返皆會經過國立台灣歷史博物館，往來道路兩旁及周遭，彷彿從大地長出來的筍子一般，許多透天厝一路延伸，有些還貼著「售」。這一帶之前非常荒涼，直到歷史博物館設址在此，才開始有一點人煙，此後安南醫院也開張服務，「博物館第一排」的房子就紛紛問世了。

朋友在這裡有一戶太子花博館透天房子，五年前買進，前些日子以超高價脫手，加上這五年收來的租金，前後五年的時間約莫賺了數百萬，好有眼光啊，而且當初買進的時候，還沒有信用管制，當時只需準備一成自備款，而獲利幾乎是整整十倍，非常豐厚。

好眼光，加上一個對的決定，壓對寶，又在對的時間出場，這些都是獲利關鍵。

他和我完全走不同的路子，他只選新屋、預售屋，蓋好收租賣掉，「不要跟房子談感情」，他這樣告訴我。而我都是選擇市中心精華區，學區及火車站附近的老公寓，輕裝潢成民宿風格之後，以較好的價格長期租給上班族。或許是我和朋友先天上收入的差距，所以造就這樣不同的選擇，爬樓梯舊公寓十年前，台南東區一大片到處都是五萬到七萬一坪，有的才六萬，當時還不想加價買，直到奢侈稅上路，以及大量台北炒樓資金南下，低利率，加上南紡購物中心在東區開幕，整個房價才大幅翻揚，條件差一點的舊公寓至少也要十二萬，東安、怡東，等東字輩的舊公寓曾經來到一坪十六萬，而大樓則破二十萬元。

比較驚人的，是我自宅對面的六層樓透天厝，蓋好的時候大概是三千五百萬，去年底，實價登錄價格，是五千八百萬，只是簽幾個名字，移轉一間房子，就賺進了兩千三百萬。

昨天晚上，對面那間豪宅已經有燈光亮起，裝潢了大半年，終於住進來了。

有些人會譴責，這樣炒作房子，怎麼符合社會公平正義！房子是用來居住的，怎麼可以當作商品用來炒作?!

不過，這個社會本來就是不公平的，早早認清這個現實，多為自己打算，才是要緊的吧。

難道你還要傻傻的工作嗎？你當然可以傻傻認分的工作，但是這個資本主意社會的金融遊戲，並不會因為你的憤怒，而有任何的改變。

買不買房？

最近讀到一篇文章，理財專家聲稱現在低薪高房價，年輕人普遍放棄買房，轉而享受當下、盡情消費、出國旅遊，追求小確幸，很有可能將來會變成新貧一族。因為專家認為，透過買屋之後持續繳房貸，能夠默默存下一間房子，經過十年，可能已經繳掉房貸近三百萬，而房價如果剛好也上漲個兩百萬，跟沒有買房的相比，可能立馬差距五百萬。

我把它貼在臉書上，引起許多臉友回應。

假如這是在十年前，絕對合理。現在房價似已到頂，年輕人不是不願買房，而是擔心買房之後，未來房價下跌，把繳去的房貸都吃掉了，另有些朋友認為，買房背負二十年的房貸壓力，不如好好的租間便宜房子就行了吧，人生苦短，何必如此辛苦，倒是強迫存房貸的精神可以學習，只要找些適合自己的投資工具來進行，一樣能達到存錢的目的。

我們永遠不知道此刻，房價是不是到頂，就像股票一樣，現在到底是不是底部，因為你永遠不會知道現在對以後來說，是高點還是起漲點。再加上台灣人口即將邁入老齡化社會，究竟未來需不需要那麼多房子，這也是影響未來房價的一個因素。

假如不考慮投資，房子本身就是用來住的，能夠住一間讓自己開心的房子，就是一件美好幸福的事，繳起房貸也比較心甘情願。

而在台灣，南北房價差距甚大，但是薪資水平卻沒有極大的落差，買不買房，是一個選擇，住在哪裡，也是一個選擇，買在台南、台北、高雄、花蓮，也都是一個選擇。

朋友說，有香港人把房子賣掉後，到高雄買了兩棟透天，還剩下不少錢。

一間自住，一間用來經營民宿，過得非常悠哉愜意。

朋友H說，奉勸現在年輕人，不要認為現在買不起房子，就認為財富與你擦肩而過，及早強迫投資，用繳房貸的精神好好理財，未來是你選房子，不是房東選你。

朋友I：「我只有一句話想說，感謝租屋的房客，來年請繼續支持房東。」

我身邊的每位朋友，幾乎都有房子。而身邊有房子的朋友圈，事實上也真的過得不錯，現金有多少不知道，但至少都存下了房子。

當你有房子，你可以持有一個階段換屋，你可以抵押出來做高股息的股票投資，賺價差，這是某位存股界的老師非常推薦的手法，房子不賣，除了住，也是一種理財工具可以供你應用。

我曾聽說有位高手，在可成科技公司還不是天價的時候，勇敢抵押房子，全部押入可成股票，後來翻了兩三倍，真的是神操作。

而有房子的好處是，你會優先把每個月的薪水留一部分給房貸，剩下的才是生活花用開銷，以及進行其他運用，每個月繳房貸是非常痛苦的事，因為一繳就是二十年，每一個月都不能遲繳，不過繳久了，就變成一種習慣，雖然你看不見錢到哪裡去了，當有一天把房子賣了，一大筆錢的錢財就跑出來了。

不景氣還是不爭氣：創造自己的強運

初秋去了一趟沖繩，除了第一個晚上住在那霸國際通，其他兩個晚上都選擇 APA Hotel，原本已經定好東橫 INN 單人房，在出發前兩天竟然發現訂房平台上的 APA 單人房竟然有感降價，就趕緊把東橫 INN 退掉了，一個晚上一千五百元左右，還能享受大浴場，完勝一千八百元左右的東橫 INN。

入住時，發現飯店櫃檯放了一本書，叫《強運》，是 APA 酒店集團的老闆娘元谷芙美子寫的，房間裡也有一本，就我的書市觀察，以及搜尋谷歌大神，似乎沒有翻成中文出版，台灣讀者對她有些陌生，然而這位經常戴著不同風格帽子的女性可大有來頭了，她在日本目前是最富有的女性，人稱「APA 帝國的女總統」，只要是 APA 飯店的物品，通通都有她本人戴著帽子的肖像，例如飯店提供的礦泉水，還有市場上可以看到的飯店廣告，她自己，就是APA Hotel的代言人，曾經貧窮出身的她，在幾十年前就是這樣替APA飯店慢慢打出知名度，當初，此舉還引來日本民眾的訕笑呢，因為從正規的標準而言，她並不是一位出眾的美女，如今APA酒店在全球已經擁有兩百五十間飯店了，而在日本最大規模的APA酒店即將在橫濱開業，共有地上三十五層樓，即將開幕或正在興建的共有五十二家，共高達一萬八千多間房間即將問世，非常驚人，在如此不景氣的日本，APA酒店真的是沒在怕的。

在一則報導中得知，APA酒店的選址一定要在公車兩分鐘內可達的位置，地鐵站則走路不得超過十五分鐘，旅客入住一定要在兩分鐘內完成手續，然後多半設有大浴場，讓有泡湯習慣的本國客人能夠在出差的行程中，好好的放鬆休息。

個人覺得最神奇的就是寸土寸金的日本，旅館房間實在迷你，幾乎都是行李打不開的大小，和泰國那種寬敞的感覺相比，真的有些壓迫感，不過如果只是單純商務過夜，這樣的空間習慣之後也就沒事了，而且床睡起來也非常柔軟舒適。在入住沖繩這間迷你的APA之前，我也曾經住過一次東京新宿歌舞伎町的APA，但是新宿共有兩間，其中一間沒有大澡堂，我稍微不留意，就訂錯了。就如同所有的東橫INN以一種簡約乾淨明亮的氛圍作為特色，APA旅館一樓的華麗水晶吊燈，暗色系的大理石，營造的是一種平價中的奢華。

我在想，或許就是把坪效拉到最高，才讓APA酒店獲利驚人，原本可以規畫成三個房間的坪數，硬是切成五個房間，這次住在十五樓，光十五樓就有二十七個房間，或許為了不讓房間空著，所以住宿前兩天開始下折扣，以促銷帶來進帳，這種靈活的定價策略，勝過東橫INN的固定價格策略，而且東橫INN雖然有含免費早餐，但是東橫INN幾乎沒有大眾澡堂。

我在大廳看著APA酒店帝國的版圖，除了震驚，還有欽佩，很多人會問，現在到底還可以投資什麼？飯店都已經那麼多了，還可以投資飯店嗎？我想，家裡光停車場就有三個樓層的APA女總統，用她的堅持，她的商業手法，告訴我們非常重要的一課，沒有不景氣，只有不爭氣。甚至如書名所說的，APA帝國已經創造了自己的強運。

下一次還會選擇APA酒店嗎？東橫INN會員的買十送一已經不吸引我了嗎？我想，有了這次的住宿體驗，下次仍會選擇APA Hotel，而我也已經開始想念那霸APA Hotel二樓的男湯，還有附近方便的便利商店，走路十分鐘，就可以融入熱鬧的國際通的歡樂人群裡了。

你不是不夠努力，你是努力的不夠久

二〇一七年六月有一則非常讓人注意的新聞，「超商大夜二十六K靠吃報廢過活，曝十年存三百萬祕訣」，嚇壞所有的台灣寶寶，尤其是很多薪水比他高的，工作十年恐怕連一百萬都存不了。

在投資舊公寓之前，最重要的就是自備款的準備。目前以貸款八成來說，兩三百萬的舊公寓，預計要準備五十到九十萬，作為自備款及微裝修所用。所以，苦個三五年，存下一筆可用的資金，才能開始房地產投資。

新聞中的大夜班，到底是怎麼花十年存到三百萬的呢？原來是因為月領二十六K的他每天都吃超商報廢的食物過日子，而且住在家裡，個人物欲不高，兩年後就存了五十五萬，此外他還組裝電腦賺外快，所以十年後就存了三百萬。

另一則更勵志的新聞，日本女子經過了十七年的省吃儉用，日花台幣六十元，終於擁有了三棟房子，月收租金九萬台幣，目前已經退休，實現財富自由，許多人認為這樣的行徑太變態了，根本就不會有朋友，而且許多事情是你無法計畫的。

當然有人會不認同，因為這些方式未免太過極端，毫無人生意義，不過就結果而言，他們確實都存到了錢，隨時都可以展開投資、Fire 掉老闆，邁向財富自由。

如果你現在是月光仙子，每個月因為花光薪水而感到焦慮，不妨開始行動：盤點自己每月所有固定開銷，刪減到最低生存所需，雖然沒有必要停止所有娛樂，但可以試著過一段簡單生活。家裡的 wifi、電費、餐食、咖啡、手搖茶飲都可以省，如果不是工作需要，那也先暫時不要買車和開車。

除了簡易的減少開銷，也可以依個人專長啟動多管道增加收入計畫，我身邊的許多朋友都是斜槓一族，領兩份收入，有人下班後擔任數學家教，下班後教游泳，或周末去麥當勞打工的，平日晚上則做蝦皮拍賣，替自己加薪。

想想看你的專長是什麼？也許是料理，也許是音樂創作、歌唱、攝影、婚禮主持、按摩、花藝、平面設計，這些都可能發展為副業，帶來更多收入，透過專長，是最做得來又最不痛苦的。不必專長的，可以把家裡閒置的空間出租，開 Uber，或是當二房東，租五千塊，布置後以五千五百元租出去，是一種無本生意。

如果下班之後沒有更多力氣增加收入，就只好節省開銷，那些微不足道的小事，其實默默為我們省下了一筆可觀的數目。

每個月能存多少至關重要，而在預算內維持著自己覺得合適的生活品質，是一種藝術。

最近看到一個瘦子練成健美身材的帥哥這樣回顧自己的來時路，說了一段很上心的話，我覺得也可以給想財富自由的你參考：「你不是不夠努力，你是努力的不夠久。」

房東心法

1. 存款過程中，記得適時給自己一點獎勵。否則很容易因為看到別人享樂，而受到影響，存沒多少錢，就把機票刷下去了。

2. 「理財金三角」是專家統計分析出來的一個資產配置：把月收入做一個比例分配，六十％是生活必要性開銷，三十％是投資理財，十％是風險保障。

股票與房地產

所有的投資產品都有風險。

二〇一八年的上半年，大家沉浸在許多飆股的巨大漲幅中所帶來的瞬間快感，許多股票漲了兩三倍，短期間漲一倍的股票比比皆是，國巨更漲到了一千三百元左右的高價，隨後跌到最低二百九十元左右，這種洗禮、上沖下洗的震撼教育，常常影響到投資人的心情。二〇一八年下半年，許多股票的股價劇烈下修，賠錢套牢者比比皆是，甚至在很短的時間內，就賠掉一棟房子，或辛苦累積的財富，股票的風險，在二〇一八年有了最好的見證。

因此在國際局勢經常有各種巨大變化的情形底下，房地產相對保守，波動較低，適合不喜歡被股價漲跌影響心情的投資朋友，買房地產收租，你不需要每天去查實價登錄，關心現在自己的房子值多少錢，更不會常常受到股價震盪起伏而影響……好睡，同時也睡得好。每個月就等收房租的那一天，當你建立好這個現金流系統，睡覺時也會有錢進來。

然而，如果你住在貸款買來的房子，那就是「負債」，能夠真正帶來租金效益的，才是「資產」。房地產的風險來自於貸款利率持續攀升激發繳款壓力，或是供給過剩，造成房價下跌，房價過高、過熱，與人民平均所得越離越遠。不過目前台灣長期處於低利率狀態，且資金寬鬆，房價只有微幅修正，除少數區域之外，並未大幅下跌。

另外屋齡的老化折舊，也會影響房價。假如同樣屋齡的舊公寓，你買的很貴，那當然也是一種高風險。

許多投資人喜愛定存股，尤其是金融股，股票的風險就是波動，漲跌，以中信金為例，假如每年配股配息的報酬率有五％，那是不是應該買股票就好，省得管理跟煩心？以一百萬的資金來說，配股配息之後年報酬率五％的收益就是五萬，當你把一百萬拿去買房子，加上八成貸款，可以買到五百萬的房子，經過槓桿操作，同樣是五％的年租金報酬率，事實上是五百萬的五％，年租金收益是二十五萬，只不過必須另外繳付房貸利息。因此，定存股與房地產存在著槓桿操作的差異性。

房地產收租的其他風險還有：如果遇到奧客，會收不到租金，此外還有房客搬走之後的空窗期，是沒有租金收入的，這些都會影響到年度報酬率的高低。

但是買房子收租的好處是，不用去擔心股價漲跌，不用害怕突然來的全球金融風暴或是種種政治危機、新冠肺炎疫情造成的股市修正甚至熔斷，房子不會連續跌停板，相反的，假如是買到好的地段，帶有高報酬率的租金，甚至可以借力使力，三五年後累積一筆可觀的金額。

了解自己的個性，是不是容易受到股價漲跌而影響心情，或是經常容易做錯誤的投資決定而虧了錢，只要解套賣出就大漲，每次買股票就是買在高點，所有的青春都用來等待解套。或許你改買金融股不會暴漲暴跌，但仍有可能因為外資大賣而造成劇烈波動，而且，並不是買了定存股之後就不理它，仍然要定期檢視公司的獲利情況跟配息情形，絕對不是買了就不管，然後等著發大財，目前這個時代已經是必須要投入相當大的精神和心力才有辦法獲取一定程度報酬的時代了，而房地產也是，除非能夠買得夠便宜，否則也未必有賺頭。

位在大學路巷内的起家厝，原本母親不建議購買，卻在自己的堅持下買入，自此展開人生第一次的房東生涯。

房子改造前的準備

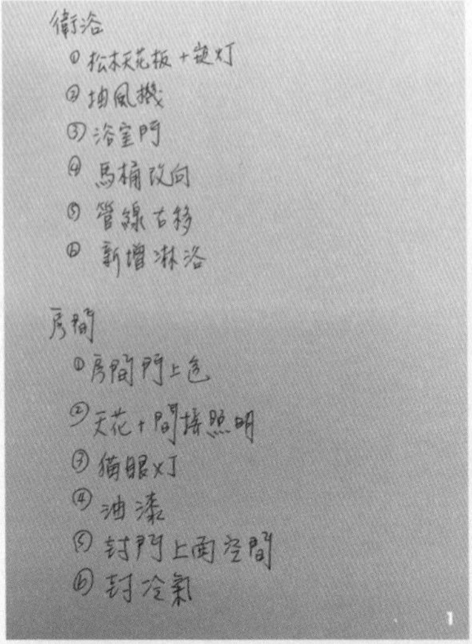

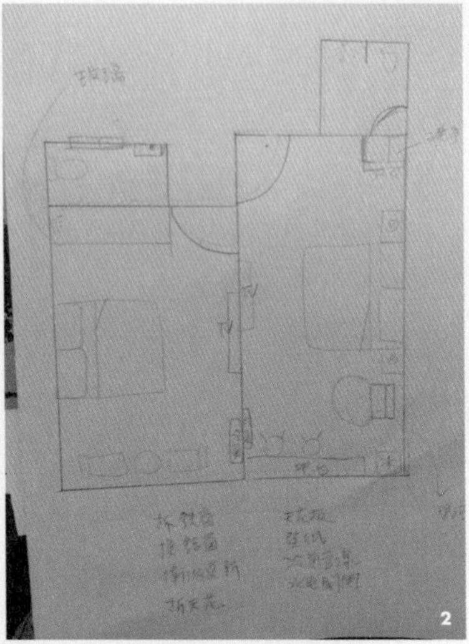

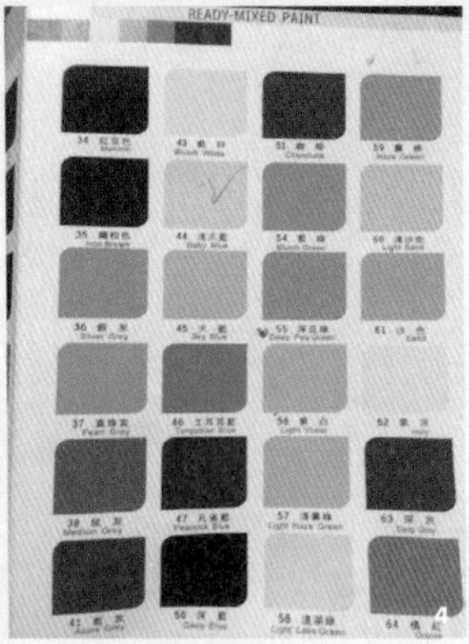

1 每次收回屋子準備整理前，會先列出要改造的項目清單。

2 大致畫下格局草圖，再跟工班討論。

3 可以自己處理的地方，便到特力屋購得。

4 因為喜歡明亮的感覺，選擇的油漆顏色大抵朝亮色系處理。

〔浴室改造〕

〔房間改造〕

浴室改造：
牆壁地磚重新鋪設，更換新的馬桶與洗手檯。

房間改造：
製作觀景吧檯，間接照明；老式地板磁磚也重新換上木紋塑膠地板。

中西區公寓

201 房

202 房

203 房

204 房

中西區公寓共分成四間套房，分別是 201、202、203 和 204。

其中 201 房的條件最普通，改造後卻是最受歡迎的房間。而 202 的條件較差，所以採用低價策略。

四間房有公共空間，推開窗後，還可看到窗外的大草坪。

望安小宅

〔 Before 〕

Before

原本的格局不佳，三間雅房僅一衛浴，入口陽台也包覆鐵窗，舊式的鋁門窗和毛玻璃透露出歷史。

After

拆掉鐵窗，更換落地窗，放大室內空間，重新挑選油漆顏色。地板改鋪耐磨木地板，室內再掛上畫作，提升家的質感。

〔 After 〕

後站公寓

1 將原本的隔間大衣櫃拆除後，放大生活區域，打造小廚房和客廳，讓機能更完備。

2 專業的馬賽克磁磚貼法，可以營造不同情境。

3 分裝獨立電表，傳統鎖改成感應式門鎖。

房東心法

1. 篩選可投資的房子很耗費精神，需要各種評估，如採光、附近出租率、可以達成的投資報酬率、預計要花的費用等等，然後出手議價，展開改造計畫，招租房客，牽涉到的層面甚廣，從建築設計到室內裝修，從銀行貸款到如何寫出漂亮文案刊登廣告，又如家具家飾採買、園藝，都是一個專業領域，相對於股票而言，是一個漫長且複雜的投資流程。
2. 股票投資其實輕鬆許多，也不用跟房客周旋，但因為股票市場散戶永遠處於弱勢，相對於法人、主力，散戶多半都是被股票玩，而不是玩股票，因此如果你也是很容易受到股價影響心情的人，建議你也可以考慮房地產投資，邁向專業的包租公，從此可以好好睡覺，不會再受到股票漲跌影響。

給下一個佛系房東
的 備忘錄

3.
房地產屬於長期投資，變現較不易，心態上宜有耐心且長期持有，有時候甚至要有「假如賣不掉，要一直收房租收到世界末日」的決心。

心靈致富法則

「什麼？冥想可以變有錢？」

你可能覺得鬼扯吧，那我每天都在家裡冥想就好了，然後就會變有錢人。就像我用想的就會變壯，也不用進健身房辛苦鍛鍊了。

讓我分享一些想法。

關於心靈致富法則，有一本專書《想有錢就有錢》寫得非常清楚，很值得推薦，書中有很多可以實際操作的祈禱文和相關案例，但是你可能會納悶，那些也太誇張了吧？而且都是國外的案例，如何驗證呢。

事實上，冥想後來自宇宙深處得到的回應，讓我更加覺得打坐冥想，真的是很有用處。而且有時候速度之快，也會令人感到不可思議。

你只需要好好地靜下心來，拋開世俗一切，花上十分鐘，閉著眼睛，好好觀察自己的呼吸，並且有意識地祈禱，然後把一切交給宇宙，相信宇宙自有安排，你只要相信，你將能夠發揮所長，而別人為此付出適當的酬勞。

通常我們對於賺錢都有一個既定的思想和框架，我應該很努力，腳踏實地的工作，才會有錢。這些「信念」通常移植自父母，彷彿是一種精神遺傳，因為你從小耳濡目染地看著父母如何對待金錢，如何賺錢，如何思考金錢。而多數父母都是教育孩子要保守、勤儉、能省就省、賺錢很難、做人要腳踏實地、要工作才有錢、要上進才能找到好工作、念書才有未來。這些都沒有錯，也都有理，然而，當你牢牢地建立這樣的信念，你的現實世界裡，就會如此展現與鋪排演出，並縈繞在你的周遭，讓你更堅信來自父母的那些想法與信念，一切就如同真理。

可是其實並不然，這世界是充滿無限可能的，宇宙的財富也是源源不絕的，賺錢本身就有太多的方式和可能性，端看你的信念系統。而我認為機會本身是非常重要的，因此我在冥想與祈禱時，特別著重在機會上，當然，這也可能是一種局限性，每個人也都會有自己的框架和局限，也就是說，成功一定要有必要條件，例如努力，而對我來說，成功和機會有絕大的關係，舉例來說，在台灣房地產起飛的那些年，假如你有把握住機會，買了台灣任何一個城市的房子，包含澎湖離島，放到現在，絕對大賺。這就是機會來到了眼前，而你有把握住。

有好幾次，獲得靈感的方式，便是來自深度且有好品質的冥想，關於這本書的書名，即是某次靜坐冥想之後的結晶。

現在許多賺錢的產品或是各種帶來獲利的模式，最初也都是來自一種靈感，比如說早期的Uber，到現在的Uber Eats，都是一種共享經濟，或是運用網路科技帶來收益，當你有了靈感，而且把握住機會去實現它，讓你因此賺到錢，而不是停留在想想而已。你怎麼會突然有那些賺錢的靈感，而別人怎麼沒有。這和你能不能靜下心來，好好的接上宇宙這個源頭有關係，當你很清楚自己的才華和天賦，你其實就可以很容易的找到快樂又賺錢的獲利方式，而別人為此付錢給你。例如，有的人可能很會打電動，突然，有一天，就發明了轉珠遊戲，即便到現在，還有人在玩神魔之塔，在發明這個遊戲之前，當然是來自宇宙的虛空當中。

其實還有一件更可怕的事情，就是宇宙中有一個傳輸和接收系統，而每個人都跟宇宙相連，你應該能夠相信，這個物質世界有很多我們看不見的，比如說意念與意識的傳導，假如你的靈感沒有付諸行動，將來一定會有人偷走這個想法，完成你當初的夢想。意念的力量遠比我們所知道的還要強大，或者你也可以在冥想之後等待機會的來臨。

不過，假如你冥想時所陳述的意念，是你自己所懷疑或心虛的，或是你的潛意識認為你並不配那個所求的財富金額，那就永遠不可能實現。

破解理財路上的旅遊誘惑

到底要趁年輕旅遊，去這個美麗的大千世界看一看，還是要趁年輕及早投資，早點享受投資帶來的成果？從前我很迷惘，有時候也會被這兩種截然不同的觀點搞得不知如何是好。這兩套完全不同的生命哲學，都很有道理。因為人生充滿許多無可預測的風險跟意外，生命也很短暫，為了理財儲蓄而每日過著下流人生，犧牲所有生活享樂與品質，我想也失去了理財的意義。很多人都計畫著：等我退休以後，我要進行環球旅遊，可是當那天真的到來了，可能膝蓋已經不能走太久了，而上了年紀，也可能禁不起十幾天的長途旅行，光想著要拉大行李，奔走在機場、車站、旅館以及各景點之間，可能就已經累了。好吧也許你可以參加團體旅遊，交給旅行社安排，但是，當你抵達瑞士鐵力士山下時，可能擔心心臟無法負荷高山上的寒冷與溫差，就這樣坐在遊覽車裡等待，難道不會覺得可惜嗎？真的不騙你，我第一次跟團去歐洲，的確看到十幾位六、七十歲的長輩，沒有搭纜車上鐵力士山，就坐在車上，等同行團員下山。那麼美的風景，也需要青春的體力支撐，才有辦法盡情享受。

那麼，究竟該如何呢？首先必須強調的，是每一種選擇，都會帶來一種結果。理財專家永遠會告訴你，「先別急著吃棉花糖」，慢慢來，不要急著玩，未來還有大把的光陰。是不是很壓抑呢，為了理財，竟然要違背人類天生喜歡享樂的本性。

我要分享兩個「平衡」的做法，可以一邊存錢，一邊開心快樂的出國度假。只要建立幾個觀念，並且把握要領，就可以完全不用有罪惡感的好好旅行，也不用擔心，是不是又提前把未來的錢給揮霍掉了？以下就是要分享給大家的：

・做好財務分配，每年固定留一筆旅遊資金犒賞自己。

在達成夢想的道路上，是非常孤單和寂寞的。你已經知道了你的目標，但同樣也需要良好的「習慣」，規律地把每個月的薪資收入做好分配跟規畫，衝動性的消費是難以克服的弱點，因為理財的路上實在有太多誘惑了，尤其在臉書上，大家總是盡情的展現美好的一面：名車、奢華飯店、商務艙、各種精品、大餐、名錶、派對等等，總是會讓我們興起了想追隨的念頭。現在起，就在每個月的薪水中，留下一點旅遊基金吧，扣除了生活費、投資、急用、保險之外，剩下的就請盡情「揮霍」享受。

・聰明消費，高CP值旅遊法

我的臉書朋友當中有許多神人，總是可以用最低的成本跟預算出國度假，有趣的是，他們並不是沒有錢的小資男孩，甚至可能已經累積了不少財富，就算馬上退休，也是可以的，只是他們仍然奉行這種聰明消費，高CP值的旅遊模式。他們經常彼此流傳著許多促銷訊息與超低價訂房密技，每次總是讓我看到眼花撩亂。而且這些達人們，還要便宜住好飯店，因此追隨他們，也省了不少。

舉例來說，他們會在雙11或黑色星期五購物節，買好未來要旅遊的飯店或票券，他們總是可以取得特定促銷期限的折扣碼，買到幾乎是你難以想像的價格，守在電腦前準備搶單是兵家常事。更厲害的是，某些訂房平台的台灣版沒有太大的折扣，英國版或澳洲版卻有飯店三折，順著時差，轉換到其他國家版本的官網，順勢就把未來的飯店給訂好了。

他們還有一個特質就是，哪裡的機票便宜就飛哪裡，不夠便宜就乖乖待在家裡。要消費某項產品時，就先做功課，例如幾乎沒在打折的日本JR票券，如果透過平台的折扣碼，就打了九折，根據這樣的精神，東湊西湊，無形之中也可以省下不少錢。

假如搭配使用高回饋率的信用卡，每次消費也都賺到里程跟回饋，此外，可以先繞道消費回饋網站，累積回饋金。例如同樣要去Agoda訂房，可以先透過Shop Back渠道再連結訂房，身邊就有頻繁出國的朋友，已經回饋了七、八千塊，不拿白不拿。

我從這些達人的身上學習到，只在重要時刻才消費，有空就盯著電腦四處找蟲（Bug）票，蟲（Bug）旅館，比如說粗心大意的知名航空公司，標錯機票價格，很多人就趁此機會買進超優惠機票，當然。有些航空公司會認，有些則不承認。

再例如我自己也很認同的淡季旅遊法，也是省錢的方式之一。很多人以為冬天的沖繩很冷，大概跟澎湖一樣風很大，事實上冬季的沖繩氣溫非常舒適，雖然海水有點冰冷，但是對於旅遊來說，非常適宜。而且冬天去沖繩，廉航機票經常來回不到四千就能搞定，去程、回程分別等待促銷時買進，只比去台北貴一點點。重點是淡季的沖繩飯店也很便宜，一千兩百元左右就能住到那霸市區 APA Hotel，二樓還有大澡堂，這種價格在國內任何一個城市根本是不可能住到的，因此我十分推薦冬天去沖繩，整趟旅遊花費甚至比國內旅遊還便宜。

轉第三地飛行。也是一種 CP 值旅遊法，比如說，高雄直飛曼谷，只有華航跟泰航的子公司泰國微笑航空，來回機票經常破萬，連續假期甚至貴到一萬八左右，假如可以變通一下，先搭虎航從高雄飛到沖繩，到瀨長島泡個湯，晚上再搭樂桃飛曼谷，再從曼谷買泰國微笑航空單程回高雄，都比高雄、曼谷直接來回還要便宜。日本因為不用簽證費，所以作為一個短暫的轉機點，是極佳的選擇，而且高雄飛沖繩只要一個多小時，並不會花太多時間。

今天臉書上促銷台北、曼谷的酷鳥航，台北、曼谷來回不到一千八百元，相信很多人不假思索的就訂了。只要追蹤像943這種以旅遊促銷資訊為主的粉絲頁，基本上就可以快速掌握到消息，許多里程版上也有數不盡的達人，會分享如何以里程數開高CP值的機票，例如華航三萬五千哩可以開「外站」出發的機票，基本開法就是東南亞飛東北亞來回，例如：曼谷—台北—東京—台北—曼谷，或是東北亞飛東南亞來回，例如：札幌—台北—峇里島—台北—首爾。一年內飛完，第一段票搭配廉航接上即可。

還有很多很多可以分享的密技，有興趣的可以到臉書的浩瀚世界進一步探索，或是透過關鍵字搜索，這方面的達人在部落格分享了非常多寶貴省錢大法。

・讓旅遊疊加附加價值：無痛代購法

很多事情總是要付出代價的，那不如一邊出國，一邊把旅費賺回來吧，最簡單的方式就是代購，有些人專買精品，賺一點代購費，順便賺海外刷卡里程數，讓自己的這一趟出國產生更大的效益，有些人去日本會幫忙買寶可夢玩偶或藥妝，只要體積小，輕便好帶，價格昂貴的，都是首選。許多人經常飛歐洲旅遊還同時賺錢，那多半是趁機代購LV等精品，只要有買家，不相信賺不回機票錢。如果沒有自己的人脈，就到網路上找。用點小聰明，花一點時間，讓自己的機票價值效益最大化。

其實出國旅遊，不如你想像的那麼昂貴。

還有還有，你知道刷什麼卡買虎航的機票還有打九折嗎？光是多知道這些訊息，就能夠多省了一些錢了。

而只要聰明消費省省的玩，對於理財是沒有妨礙的，不僅如此，身心暢快，投資的道路可以走得更長久。

房東心法

1. 手刀追蹤「布萊N機票達人」、「943就是省的超值好康分享團」、「研究生」粉絲頁，隨時掌握促銷機票消息。
2. 訂房app可以多方比較美國版、印度版、英國版。Agoda有特定信用卡刷卡九折、九二折等優惠。
3. 透過Shop Back渠道可以累積回饋金。
4. 只買四千元以下日韓促銷機票。
5. 淡季旅行，省更多。
6. 淋漓盡致使用航空公司里程數，例如長榮或華航三萬五千哩可以開外站出發機票，一張機票玩兩國。

你只要比別人多一點點用心，就有機會成功

昨晚朋友來台南找我，吃完在地小吃，看完每年農曆春節前夕的普濟殿花燈，我提議，不如我們去做個腳底按摩吧。剛好有人推薦御手國醫，一號師傅好手藝，便帶著十足好奇的心情與朋友一起去體驗。

過去我幾乎都是在熟識的精緻小店做腳底按摩，按的也很好，仔仔細細，環境也還可以，VIP式的尊榮服務讓我感到非常放鬆和自在，這次到新的大型連鎖按摩院，有些觀察心得，值得分享。

首先是中式又帶著濃厚東方氣息的空間氛圍，融入了許多水墨畫意象，無疑告訴你，中國古老相傳的按摩傳統，男女師傅們一律專著制服，顯得專業，泡腳也有學問，用的是許多中藥熬煮的湯汁，藥材就放在透明的玻璃罐

裡，陳列在一整排按摩椅的最旁邊，當你入座時，位置旁，已經備好了熱茶和餅乾，加上熱熱的頸枕，可以平躺的椅子，迎接每個需要療癒的客人。

按摩中師傅貼心詢問力道是否需要調整，肩頸按摩完開始進行腳底、小腿按摩，其後是熱毛巾敷腳、推拿、按壓、來來回回，照顧好每個筋絡跟穴點。此外，每個按摩椅前面都有個人專屬電視，不用跟其他客人搶頻道。

這些細節，都可以感覺得出這家按摩院老闆比別人多一點點用心，不僅融入中國文化，傳統詩詞，與按摩有關的典籍，還用水墨畫呈現各種人物的按摩型態，說了一個中式按摩療法的故事。其實按摩也不是中國獨有，泰國也有自己的一派療法，泰式按摩也是泰國觀光中非常重要的一環，中式按摩與中醫觀點的筋絡穴道息息相關，作為來台旅遊的娛樂項目，很合外國人胃口。

結束後的腳底拔罐，和櫃檯結帳後的甜湯，整套服務，完全不馬虎，因此入住古都飯店的老外、日本人，進進出出，因為，那比別人多做一點點的老闆，提供了飯店接送服務，打造了他的腳底按摩帝國。

價格呢，比坊間的按摩一小時六百元，只多了九十九元，如果你是外國人，你會選那一種？

在租屋市場裡也是如此，打開租屋網站，各種價格，各種房間樣態，都代表著一種想法和打算，也代表背後投入多少的資金成本。假如你當房東，你想把你的套房打造出什麼樣的路線呢？如果你能比別人多一點點用心，也許你的房間可以更快租出去，更受歡迎，房客換得頻率更慢一些，也或許，房租還可以比別人多一點點。

這個多一點點用心，又如哪些？

比如你專心致力打造一個「工業風」的房間，你的套房便比別人多了「個性」，就像御手國醫用中華文化的水墨畫元素來說這個按摩品牌的故事，就是比坊間的其他按摩院，多了一個「主題」和特色。

民宿市場裡的工業風比比皆是，都看得出用心，然而，租屋市場裡的工業風並不多見，這多一點點的用心倒是可以殺出一條血路，況且，工業風也未必要花大錢，只需要動點心思。房客還可能覺得，怎麼這麼特別，租房子有一種住在民宿的錯覺。

此外，你的電視可以比別人大一點，在重新改造隔間的時候，你的套房坪數規畫的比別人大一點，讓租客有更多的生活空間，畢竟一住就是要住一年，你的房間還可以多設流理檯滿足烹煮需求，因為多數的房東為了安全，都禁止在房間烹煮東西。更反其道而行，你提供了陽台，除了放洗衣機之外，還可以種雞蛋樹，或是你的浴室乾濕分離，把房間或浴室的窗戶開的更大，以便享受藍天，或是你也可以提供免治馬桶，日本客人最愛這種貼心設備。

你也可以給蒼白的房間多一些色彩，捨棄退流行的窗簾換成年輕人會喜愛的，再多一點點，就是在雙人床的床頭兩邊都裝設插座，滿足年輕人晚上睡前充電滑手機的習慣。

還可以想到什麼？

我租房子時，房東在端午節送我們整棟四十個房間的租客，一個人兩顆粽子。由於每個星期都有人定期打掃公共空間，垃圾還有人定時清理，因此公共環境整潔又舒適。

假如你是房客，你提供的房間，自己會想租嗎？

曾有幾次，房客問我，房東你還有別的房間嗎？因為他的朋友也在找房子，當你比別人多一點點用心，可能，就不是房東找房客，而是房客自己跑來找你呢！

感動服務

當AI不斷發展，無人商店問世，掃描臉部就能結帳，科技的進展，除了方便，不拖泥帶水，唯一的遺憾，是失去了人與人之間互動的溫度。

距離台灣兩千三百公里之外，受到許多華人喜歡的旅遊景點古城清邁，鄧麗君小姐也在那裡度過了一段非常美好的時光。我雖然去過幾次，但是對清邁某Spa老闆的服務經驗印象非常深刻，因此一直記在心裡。

剛好此刻有兩組朋友正在清邁度過農曆新年假期，他們請我推薦Spa館，我便介紹了T Massage and Spa，沒想到，這兩組互不認識的朋友，前後都去消費了。

記得去年前，我也聽別人介紹，叫了Grab去按上一小時的泰式精油按摩，這間 Spa 館是一棟三層樓透天厝，院前種植花草，養魚，裡面有著中式混合泰式的設計元素，桌上照例有各種精油味道可供挑選，當我按摩完後，因為覺得按得很好，給了兩百泰銖小費，大約是平常的兩倍，可能我連續去兩次，因此和老闆閒聊開來，老闆說要開車送我回去 Bed Nimman 旅館，實在令我感動，因為這間 Spa 館並不是在非常熱鬧的地方，走路走不到，一定要搭車，老闆這個溫暖貼心的提議，讓我一直記到現在，因此，只要有朋友問我清邁要去哪裡按摩，我不假思索地就會推薦 T massage and Spa。

也許有人會覺得，外國觀光客，來來去去的，走了這個，還會有別的，馬馬虎虎的做個生意也是賺錢，但是這位老闆的感動服務，不僅使我記住了他，以及他的按摩院，還推薦了許多朋友去消費。兩千三百公里很遠嗎？這是一個天天都有人飛曼谷跟清邁度假的年代，世界宛如地球村，即便只是一個小小的行動，也會有意想不到的影響力。也許很快，也許需要一點時間，但我相信，那個溫暖的力量一定會散播出去的。

在當房東的日子裡，我總覺得這也是一種服務業，雖然房東和房客是一種契約關係，但假如你也能貼心一些，也許房客一住就是兩、三年，甚至還會推薦朋友來跟你租房子也說不定。

前陣子有個房東發明了收租的系統機台，在機器前按一按就可以繳房租，完成租約，那是因為他是超級房東，有好幾百個甚至上千個房間，不發展成自動化系統恐怕大家都要花時間等待。而當ＡＩ科技越發展，人與人之間互動的溫暖，就更顯珍貴，而且這是機器人永遠也無法取代的。

後記

這本書的完成，從起心動念，到出版上市，前後花了四年時間，一開始天馬行空，寫寫停停，一度放棄，到最後再度燃起希望，終於有較清楚的架構，整理這些年零零散散寫的房東經驗化為文字，加上自己的房市觀察和思考，終於累積到足夠的篇幅。有一兩個夜晚，當有靈感時，回家第一件事情就是坐到電腦前，劈哩啪啦把腦中的靈感寫下來，當文章完成後，身心都感覺到暢快淋漓。

過去市面上似乎較多房地產達人教你如何買賣、議價的書，聚焦在交易跟獲利，我不是什麼專家，只因為這些年，作為一個上班族斜槓房東，從來來去去的房客互動過程中，彷彿看到一個微型社會之縮影，也見證了這十五年來的巨大變化。許多凡常的日子裡，我騎著機車，依循著地圖的指引，穿梭在不曾去過的市區小巷，走入平行時空般，四處探索那些房子的身世，臆想每個住過的屋主可能的時光。也許這些買屋經驗，房客的故事，生活面向觀察，寫成篇章，能夠吸引讀者目光，如果你從書店中，把這本書拿起來翻閱，那就真的太好了。

回首我的二十七歲，剛剛退伍工作，不知天高地厚，對房地產完全不懂，口袋也空空如也，但是一心一意想要成功的意志高昂，因為財務壓力，迫使我尋找翻身方法，從傻傻買下人生第一間房子收租開始，這一路走來，如夢一場。有好幾個夜晚，翻來覆去睡不著，只因為看到喜歡的房子，一直想像著關於它的未來，精神過於亢奮，更急著想要擁有它，所以就因此失眠了。

有時候，偶然的一個意念，便可能踏上另一種版本的人生，我天真相信，沒有什麼路是會白走的，哪怕你今天看了任何一間不起眼、不適合投資的房子，那背後也可能是某種伏筆。向出版社勇敢提案也是，我認為這些都能拓展我的生命經驗，我非常感激，也有一點點驚訝，印刻出版社願意出版此書，在這個書籍銷售萎靡的年代，對我這樣一個素人，鼓勵甚大。

這本書中的場景主要在台南，十幾年前，不論是財經雜誌或是電視媒體，在談論所謂的「房地產」，幾乎都是指「台北」，很少人會關注「台南」，或許正因如此，當時平易近人的房價，讓上班族買屋較沒壓力，從而讓我能有機會晉身有屋一族，並逐漸擺脫月光困境，近年的年金制度改革，延後退休以及延後請領，已成為新的常態，未來領不領得到，也充滿不確定，因此投資理財勢在必行，不論是什麼理財工具或計畫，一定要意識到這個終將面對的問題。

我很愛我的房子，好的房客給了我許多力量，不好的房客則使我成長，我很享受這一趟獨特的人生之旅。

給下一個佛系房東
的　備忘錄

謝謝二十七歲，勇敢作夢的我自己，也期盼這些文字，能觸發些什麼。那或許，正是我的寫作初衷。

INK PUBLISHING Magic 25

給下一個佛系房東的備忘錄

作　　者　海藍查
總 編 輯　初安民
責任編輯　宋敏菁
美術編輯　林麗華
圖片提供　海藍查
校　　對　林沁嫻 海藍查 宋敏菁

發 行 人　張書銘
出　　版　INK印刻文學生活雜誌出版股份有限公司
新北市中和區建一路249號8樓
電話：02-22281626
傳眞：02-22281598
e-mail：ink.book@msa.hinet.net
網　　址　舒讀網http：//www.inksudu.com.tw

法律顧問　巨鼎博達法律事務所
施竣中律師
總 代 理　成陽出版股份有限公司
電話：03-3589000（代表號）
傳眞：03-3556521
郵政劃撥　19785090 印刻文學生活雜誌出版股份有限公司
印　　刷　海王印刷事業股份有限公司

港澳總經銷　泛華發行代理有限公司
地　　址　香港新界將軍澳工業邨駿昌街7號2樓
電　　話　(852) 2798 2220
傳　　眞　(852) 2796 5471
網　　址　www.gccd.com.hk

出版日期　2020年7月　初版
ISBN　978-986-387-346-4

定　價　300元

國家圖書館出版品預行編目資料

給下一個佛系房東的備忘錄／
海藍查 著.-- 初版, -- 新北市中和區：
INK印刻文學,
2020.07　面；14 × 20公分（Magic；25）
ISBN 978-986-387-346-4（平裝）
1.不動產業　2.租賃　3.投資
554.89　109008607